企业管理创新研究丛书

总主编：王成慧

企业微营销经典案例集

Classic Cases of Micromarketing

主　编　王成慧

副主编　宋艳静　朱　云　李晓昕

经济管理出版社

ECONOMY & MANAGEMENT PUBLISHING HOUSE

图书在版编目（CIP）数据

企业微营销经典案例集/王成慧主编. —北京：经济管理出版社，2015. 12
ISBN 978－7－5096－4129－3

Ⅰ. ①企…　Ⅱ. ①王…　Ⅲ. ①企业管理—市场营销学—案例　Ⅳ. ①F274

中国版本图书馆 CIP 数据核字（2015）第 306043 号

组稿编辑：王光艳
责任编辑：王光艳
责任印制：司东翔
责任校对：车立佳

出版发行：经济管理出版社
（北京市海淀区北蜂窝 8 号中雅大厦 A 座 11 层 100038）
网　　址：www. E－mp. com. cn
电　　话：（010）51915602
印　　刷：三河市延风印装有限公司
经　　销：新华书店
开　　本：720mm×1000mm/16
印　　张：12. 25
字　　数：213 千字
版　　次：2016 年 3 月第 1 版　　2016 年 3 月第 1 次印刷
书　　号：ISBN 978－7－5096－4129－3
定　　价：48. 00 元

总序

2015年7月4日，国务院正式发布《国务院关于积极推进“互联网+”行动的指导意见》（以下简称《指导意见》）（国发〔2015〕40号），围绕“互联网+”讲述如何把互联网的创新成果与经济社会各领域深度融合，推动技术进步、效率提升和组织变革，提升实体经济创新力和生产力，形成更广泛的以互联网为基础设施和创新要素的经济社会发展新形态。《指导意见》提出了11个互联网融合发展的重点领域，包括“互联网+”创业创新、“互联网+”协同制造、“互联网+”现代农业、“互联网+”智慧能源、“互联网+”普惠金融、“互联网+”电子商务、“互联网+”高效物流等。

以互联网为核心的包括物联网、云计算、三网融合在内的信息技术的发展，从宏观产业发展角度来看，不仅催生了诸多新兴产业，也在迅速改变着包括制造业在内的传统产业发展路径和商业模式；从微观企业管理角度来看，信息技术的应用已经渗透到企业价值链的各个环节，不仅催生了虚拟化、网络化的企业形态，也成为提升企业管理、实现企业管理现代化的有效平台。

对于企业管理实践者而言，如何推动企业突破标准化、大规模、一体化、零和竞争等传统经营理念，树立起开放、协同、融合、共赢的新理念，把分离的企业内外部系统通过网络整合为以消费者为中心的圈环式价值创造网，使企业与员工、产业链上下游、合作者甚至竞争者等相关方成为利益有机体，实现商业生态系统的有效协同和共赢发展；如何推动企业通过构建协同研发，建立产品全生命周期管理体系，提高研发效益，增强研发能力；如何推动企业通过建立以个性化需求为导向、多产品混线生产为特征的柔性制造管理体系，提高市场响应速度和个性化服务水平；如何推动企业通过提升上下游精益供应链管理水平，提高生产效率，降低运营成本等，这些都是摆在他们面前的、必须认真思考和迫切解决的现实问题。

而对于企业管理研究者而言，不仅要高度关注信息化、网络化为传统的产业带来了哪些发展空间，更要关注传统企业理论、商业模式、管理理念、运营形式、管理方法等在互联网时代的创新需求。这就需要研究者从企业管理创新的理论框架和研究方法上，对企业内部治理结构、社会责任、外部治理环境等公司治理模式创新以及商业模式、品牌战略、运营体系、技术研发、营销推广等企业发展战略模式创新多方面进行深入的总结、分析和探索。

经过多年发展，北京第二外国语学院国际商学院企业管理学科已经形成了“服务化＋国际化＋北京化”的研究发展定位：第一，瞄准服务业。我校的企业管理研究主要是将旅游、酒店、会展和文化创意等现代服务业的产业发展、服务企业经营管理、市场开发、营销策划、投资咨询、财务管理等方面作为研究方向，这既是现代服务经济与服务管理现实发展的客观要求，也是我校旅游、饭店、会展、文化贸易等优势研究领域的自然扩展与延伸。第二，突出国际化。一方面是符合全球产业转移的规律，随着我国经济的发展，必然会有越来越多的企业从“引进来”转向“走出去”，这就客观上要求我们必须对企业国际化经营的方向、区位、目的地选择，产业选择、模式与途径、发展步骤、国际化模式、产业细分领域、技术创新、商业模式创新、组织创新、文化创新以及在国际化经营不同环节的实现形式等领域做出前瞻性的研究，从而为探索我国企业国际化经营成功发展道路，构建适应中国国情的现代企业国际化模式研究体系提供指南。另一方面，作为一所以外语教研为传统特长的院校，我们可以充分借助本校较强的外语教研平台，保持并进一步强化与国外大学、研究机构与企业单位密切合作关系，从而实现在现代企业国际化研究上占有资料和数据的优势。第三，服务北京市。作为北京市的高等院校，我校企业管理的科研工作应该以服务北京市经济建设和社会发展作为主要目标之一，要为北京市政府各部门服务产业政策的制定、北京市现代服务业发展定位、融资与投资决策、经营战略决策等方面提供智力支持。实际上我们也是这样做的，多年来学校共承担完成北京市各局委、各区县研究项目 60 多项。

在多年的企业管理研究和教学的基础上，经过与经济管理出版社协商，我们拟推出“企业管理创新研究”丛书，通过系列专著、教材、案例分析等陆续出版我们的研究成果。我相信这套由国际商学院中青年教师所完成的著作，不论对于管理专业的研究者或学生，还是对于企业管理的实践者，书中的一些真知灼见和深入的案例分析都能为他们阔清思路而提供帮助，更期待这套系列丛书出版能起到抛砖引玉的作用，既为我校企业管理学科建设增砖添瓦，也对我国企业管理，尤其是服务企业管理与国际化经营的实践与研究发展有所裨益。

是为序。

王成慧

北京第二外国语学院国际商学院

2015 年 10 月

前　言

（一）

进入21世纪以来，企业经营环境发生了重大变化。顾客需求日益多元化、个性化、参与化与体验化；技术创新和技术更新速度不断加快、产品生命周期逐渐缩短；经济全球化已成常态，企业无须走出国门就已经面临着全球竞争的挑战，新竞争对手不断涌现。特别是移动互联时代的到来，企业竞争环境更加多变不定。移动互联网改变着每一个客户获取企业信息的方式和渠道，也改变着人们的消费模式和消费行为，越来越多的人通过网络进入紧密连接的全球市场，从而进行消费或者交换，享用更加便利、舒适、快捷和实惠的商品与服务。而随着消费的变革和顾客价值需求重点的转变，企业所追求以及所能利用的核心资源、企业价值创造与传递的模式、企业竞争的范围和制高点也必须发生变化。移动互联时代，企业如何整合线上、移动、线下资源，通过三者的有效聚合，打造无缝对接的企业战略营销系统；如何以线下商务为基础，通过在线分享商务打破线下商务的时间限制，通过移动互联网黏合线下商务与在线分享商务的空间缝隙，确保目标客户可以在任何时间、任何地点、任何情境与企业进行信息互换和分享交流；如何通过多维度的营销服务战略，有效改变企业与客户的传统关系，增强与客户的沟通、互动和合作，从而构筑企业在移动互联时代的核心竞争力，这些是企业各个层级各个部门甚至每个人都必须认真考虑的问题。

但无论是什么竞争，追根溯源，最后都需要遵循市场规律，都需要回归到市场的根本决定因素——提升顾客价值，实现顾客满意。任何挑战归根结底是如何使顾客满意的挑战；任何竞争归根结底是对顾客争夺的竞争。而无论什么样的创新，也无非是从顾客价值搜寻、顾客价值创造、顾客价值传递三个方面入手进行，无非是为了更好地实现价值交换、满足顾客需要。而这恰恰是营销学的核心。

（二）

随着移动互联网时代的到来，社会化媒体与生活的联系更加紧密。社会化媒体区别于传统传播介质（报纸、杂志、电视、广播），主要通过互联网技术实现信息的分享、传播，通过不断地交互和提炼，对观点或主题达成深度或者广度的传播，其影响力往往是传统媒体无法企及的。媒介形态的更新也推动着企业营销模式的变革。以社会化媒体为载体，以移动互联网络为传播平台的注重媒体渠道、体验内容以及沟通方式创新，强调虚拟与现实互动的一股全新营销浪潮迎面来袭。从传统互联网到移动互联网，从建立企业网站，发送 E-mail，到网络广告，再到博客营销，继而是微博营销、微信营销，借助社会化媒体的更新与发展，企业营销模式的发展日新月异，“微”营销俨然成为一种发展迅猛、受众精准的新兴营销方式。

所谓“微”营销，是一种低成本、高性价比的新兴营销手段。与传统营销方式相比，“微营销”是以移动互联网为主要沟通平台，以 SNS、博客、微博、微电影、微信等社会化媒体为媒介，配合传统网络媒体和大众媒体，通过有策略、可管理、持续性的线上线下沟通，建立一个涉及研发、产品、渠道、市场、品牌传播、促销、客户关系等方方面面的更便捷、更精准、更高效、成本更低的营销链，整合各类营销资源，建立和转化、强化顾客关系，实现客户价值的一系列过程。作为社会化媒体营销的补充和延伸，微营销在策略、线上线下沟通的持续性、公共关系强化和客户服务维护等方面更易实现深度整合，实现线下引流到线上支付，线上引流到线下体验，“虚拟”与“现实”的互动。

微营销的内涵可以归为四个点：

一是简约时代精美营销。比如微博最多只有 140 字，微视频只有短短十几分钟甚至几分钟，这就要求企业必须简洁明了、简约清晰、简单易懂地制定营销传播内容。无须大手笔、大篇幅、大耗费，小小篇幅就能抓住客户的眼球。微营销不仅微在指尖，更微在内容，“小而美”正是微营销的新特点。

二是信息爆炸时代兴趣营销。互联网时代带来了信息大爆炸，广告无处不在，信息无孔不入。在如此庞杂的信息之中企业如何突出自己呢？这就要求企业必须贴心感受消费者的需求，从消费者的兴趣点出发，不一味单纯地推送广告，做到不以推广为目的的推广，不以营销为目的的营销。

三是大数据时代精准营销。从用户在微博、微信的分享或者发表内容，就能发掘具有价值的数据，从而分析用户的消费喜好、购买能力、消费习惯、地理位置等信息。一些网站可以利用用户的地理数据、行为数据、人文数据，然后通过技术手段判断出消费者的相对区域、消费习惯以及行为习惯，实现精准的定位营销，发掘潜在客户。

四是O2O时代黏性营销。目前微营销主要通过“微博+微信+二维码+企业微商城”进行运营，通过这些平台和工具进行线上与线下的融合，将线下客户导流至线上粉丝，将线上粉丝引导至线下消费。O2O布局重在线上线下一体化连接，微营销重在线上与客户互动引导线下消费。移动互联网时代，微营销与O2O的发展势不可挡，是传统企业转型的核心突破口。

（三）

从营销学的百年发展历程上看，市场营销理论是在总结了大量企业经营成功经验和失败教训的基础上形成的。每一次失败，都会使企业经营者的思路发生新的转变；而成功的思路通过反复的市场检验最终会被大家认可和接受，成为具有普遍意义的经营思想。可以说，市场营销理论是在对企业经营实践和由实践而产生的经营思想进行广泛考察、深入分析、认真提炼的基础上，并借鉴经济学、管理学、心理学、社会学、行为科学等多门学科的研究成果而形成的具有普遍指导意义的经营理论。整个20世纪其实就是这一经营理论形成、发展和不断提高升华的过程。

也正是由于营销学中的诸多思想和理论观点是企业营销实践的总结提炼和升华而成，故而在学术界至今仍存在营销“是科学还是艺术”的争论。其实不管是科学还是艺术，营销思想、营销理论和营销方法的魅力恰恰通过企业现实中一个个鲜活的精彩纷呈的营销案例展现出来。可以毫不夸张地说，学习和研究营销，从来都离不开对营销实际案例的分析。

记得当年本科课堂上学习《营销学》时，我对所谓的营销思想、营销理论并没有什么太多领悟，但唯独记住了老师所讲述的一个个有趣的营销故事和案例，也许就是从那时起喜欢上了营销。后来到中南财经政法大学读博士，我还清晰记得陪恩师彭星闾先生到武汉郊区垂钓时，先生用钓鱼的例子启发我领悟营销的内涵：无论是企业还是非营利组织，无论是国家、地区还是个人，做营销就是要懂得顾客是谁，顾客真正需要的是什么，你能给顾客提供什么价值，你怎样传递顾客价值。营销案例虽然各不相同各具精彩，但万变不离其宗，就是有效解决上述四个问题的过程。

自己作为营销学教师，讲授和研究营销迄今已20年了。自从登上大学讲台那一刻起，我就一直重视借助营销案例，来引导学生掌握营销思想、营销理论和营销方法；并且自己也努力通过各类教材、著作、网络资料、视频资料，来搜集和整理各种营销的文字案例和视频案例，多年来已经积攒了几百个具有特色的营销故事和文字与视频案例。我也亲自到诸多行业诸多企业做过调研、培训和咨询，也承担过许多企业战略规划或营销策划项目，这也成为营销案例库的重要来源。

对于营销的教学，我更倾向于让学生通过各种故事案例以及亲身体验，来领悟其核心本质，而不是仅仅局限于知识的掌握，毕竟在移动互联时代，学生要想学习回顾某个知识点，也就是鼠标或手指动一动的事情。通过案例研读和分析来阐释营销理论，全方位培养学生营销意识和营销思维，引导学生掌握营销核心理念与基本方法，这是我多年教授营销学的一贯做法。应该说，实际效果还是非常不错的。

（四）

作为一本案例研究文集，本书选取了13个有代表性的企业微营销案例进行了分析，并在编写时力图体现以下三个方面的特点：

1. 整体性

本书整理编写的相关案例，不是仅仅描述其某个营销策略的实施，而是较为完整地介绍了整个公司的发展历程、营销战略策略实施的背景、具体方式以及实施效果，力求从公司经营整体上全面阐述其营销战略策略。

2. 经典性与新颖性

书中涉及案例都是经过精心选择并编辑，既包括经典的案例如小米手机、星巴克等，也搜集了最新涌现的案例，如黄太吉、江小白、雕爷牛腩、五格客栈等。

3. 可读性

案例编写通俗易懂，情节描写具有吸引力，可使读者逐渐进入其中，获得如在现场的真实感受，达到从实践中思考、总结提高的目的。

本书由王成慧任主编，宋艳静、朱云、李晓昕任副主编。国际商学院研究生参与了部分章节初稿的编写以及资料搜集工作，他们是宋艳静（第一章、第七章）、朱云（第四章、第六章）、李晓昕（第三章、第八章）、孟程燕（第九章、第十一章）、张宝山（第十章）、王得利（第十二章）。最后由王成慧统一修改定稿。特别需要指出的是，本书编写过程中大量参考和引用了他人的研究成果，无法一一列出，在此向原作者致以诚挚的谢意。

本书编写得到了北京市属高校“教师队伍建设—教师教学促进—外培计划教师教学能力提升”项目、北京第二外国语学院工商管理一级学科、企业管理重点学科建设项目和市场营销示范专业建设项目的联合资助。非常感谢计金标教授、邹统钎教授、黄少敏教授、尹美群教授、骆欣庆副教授、李凡副教授、范军副教授、牛越胜副教授、唐开康副教授、陈倩副教授、欧海鹰博士、郭斌博士、姜凌博士等领导同事好友的支持与帮助。

让学生们学营销、爱营销，尽力培养营销人才，为营销教学与研究尽微薄之力，为企业界营销实践提供点滴借鉴与参考，这是我此生愿望。致力营销矢志不渝。

王成慧

2015 年 10 月于北京

目　录

第一章

江小白

——青春小酒的时尚营销

随着互联网技术的不断发展，社交媒体的使用已经深入人们生活的各个角落，成为人们生活中不可缺少的存在。在这种海量品牌、多元营销模式的网络时代背景下，企业若要实现自身可持续发展的目的，就需要跟随时代的脚步改变其营销方式。微营销就是当今企业发展的一大机遇，能给企业带来一个很好的商业机会。

重庆青春小酒“江小白”就是应用微营销的典型代表，它创造性地运用互联网思维改造传统行业，巧妙地打出“青春牌”，借助微博、微信及贴吧等社会化媒体，成功地将青春的因素注入了品牌信息的各个接触点。江小白的微营销拉近了企业与消费者之间的距离，扩大了其品牌影响度，带动了销量，最终使得江小白能在竞争异常激烈的白酒行业中脱颖而出。

一、江小白概述

（一）企业简介

江小白是重庆一家酒类营销公司，成立于2011年，2012年正式推出“我是江小白”小瓶白酒。2013年整个白酒行业遭遇寒冬，而江小白却在2013年下半年脱颖而出，达到了5000万元的销售额，并开始实现盈利。从公司成立到在业内打响名声，“我是江小白”这一品牌仅用了一年的时间，打破了传统食品饮料长达三年的培育期，并迅速成为白酒行业的一颗新星。

江小白是对传统白酒行业的一次重大颠覆，它颠覆了传统观念中白酒就是商务酒、宴会酒的形象，巧妙地打出青春牌，把消费人群直接定在极具活力的“80后”和“90后”年轻人。江小白主张带动和实现中国酒业的年轻化、时尚化及国际化，打出以青春的名义制造流行的全新营销思路，力争在激烈的白酒红海市场中打出一片蓝海。

江小白并不是传统意义上的酒企，而更像一家文化创意公司。“江小白”卖的也不是酒，而是一种青春态度。它颠覆传统，将“创造卓越产品，营销美好生活”作为愿景，努力创造符合当代消费者喜爱的品牌和品质精良的产品。

（二）江小白卡通形象代言人

江小白的消费群体主要定位于年轻人，“年轻化、时尚化及个性化”是它的代名词，因此，为了强调江小白的品牌属性，加深在消费群体中的印象，江小白团队以“80后”、“90后”大众年轻人为原型，为品牌拟人化打造了一个卡通形象代言人：黑色头发略长，发型比较韩范，戴着黑框眼镜，眼神带点不屑，表情呆萌。穿着打扮是白T恤搭配灰色的围巾，外套是英伦风的黑色长款风衣，下身配的是深灰色牛仔裤和棕色休闲鞋。这样一个“屌丝型、文艺心，追求简单生活”的江小白拟人化卡通形象与当下“80后”、“90后”消费群体的形象相吻合，每个消费者都能从江小白身上找到与自己的相似之处。除此之外，江小白以卡通形象为基础，设计了不同风格，充满娱乐性、生活化的漫画，这些漫画深受粉丝喜爱，不断在江小白社交媒体疯狂转发，加速了江小白品牌传播。

（三）江小白青春小酒系列

江小白一直倡导简单的生活理念，崇尚简单、有趣，所以产品系列也很简单，没有涉及繁多种类，主要是100毫升迷你版、300毫升风格版以及125毫升语录版三种。语录版就是每瓶小酒的包装上都会设计一些别具一格的流行宣传语，比如“关于后天的事，我们明天就知道了”，等等。诙谐幽默的语录版系列小酒给消费者留下了深刻的印象，对江小白的品牌传播发挥了很大的作用。

在产品设计方面，江小白团队也不断推陈出新，总有新的创意出现。小白鸡尾酒就是其中一个典型代表。它主要设计了108种时尚调配方法，每种方法又有一个新颖独特的名称。如“小白放牛”，将江小白与红牛饮料进行调配；“白富美”就是江小白与牛奶的调配，主要面向白领女性；“含情脉脉”是江小白与脉动的调配，以热恋中的情侣作为主要客户群体。这些新潮的调配方式，别具一格的名称，符合当下年轻人喜欢尝试新东西、追求潮流另类的特点，很快在年轻人中风靡。

（四）江小白系列衍生产品

越来越多的企业，为了能够进一步扩大产品的品牌知名度，开始跨界生产与本品牌相关的系列产品来帮助其扩大宣传，增加收益。江小白也不例外，在主打江小白系列小酒的同时，也开始跨界生产与小白品牌属性相关的产品。比如带有江小白卡通形象的文艺衫、手机壳、双肩包，生产江小白下酒菜以及开发江小白约酒游戏等，江小白还建有自己的酒吧——江小白文艺吧。这些都为江小白的品牌宣传发挥了重要作用，也使得越来越多的人开始了解了江小白，成为其潜在客户。

二、江小白的微营销体系

江小白是在互联网大发展，社交媒体盛行的时代创立并发展的，可以说，是互联网造就了今日的江小白，它在社交媒体开始盛行时，就开始运用社交媒体为

自己造势，是成功运用微营销的典型代表。江小白运用的社会化媒体工具包括微博、微信、贴吧、微电影及论坛等。

（一）微博营销

陶石泉是江小白企业的创始人，人们都把他称为“江小白的老爹”。陶石泉却笑称新浪才是“江小白的亲妈”，因为江小白这个品牌完全是针对新浪微博这个媒体和传播方式诞生的，无论是产品本身，还是传播物料，一切跟品牌相关的东西都打上了微博的印记。把微博作为江小白的主要营销平台，可以将微博平台的受众与产品主打的“青春品牌”巧妙结合，找准消费者的聚集地。江小白在新浪的官方微博为@我是江小白，到2015年4月为止微博数量超过9000条，粉丝数量达到了10万。现在（指到2015年4月止）在新浪微博搜索与“江小白”有关的微博，一般每天都会有20条以上的记录。而其他类似的白酒品牌，每天在微博上的记录一般只有五六条，甚至更少。微博的条数虽然不能说明有多少差异，但如果仔细分析这些微博的来源就会发现，与江小白有关的微博更多的是消费者自发的内容，而参照对比另一家白酒品牌，虽然也有官方微博，每条微博的内容也都下足了功夫，但用户生成内容（UGC）远不及江小白①。可以说，在品牌建立初期，微博的运用对江小白在白酒行业的脱颖而出发挥了举足轻重的作用，江小白的微博营销带动了广大粉丝为江小白品牌的扩散贡献力量。

（二）微信营销

微信也是江小白社会化营销方式的一个重要平台。江小白除了与其他品牌一样借助微信公众平台创建微信公共账号以外，还运营着“小白哥”的微信私人账号，账号由公司专人维护。“小白哥”微信不再仅仅局限于一些品牌信息的推送，而是更多地扮演了一个知心朋友的角色，任何人有什么烦恼都可以和“小白哥”交流，这些内容也都是保密的，公司其他人不会知道，“小白哥”也因此获得了众多微信粉丝的信赖。

除此之外，江小白团队还别出心裁地以跨界的思维投入游戏的开发与推广，在微信平台上开发出约酒游戏，如小白快跑、真心话大冒险、约酒大战等，将趣

---

① 刘鹏．解读江小白：白酒：如何让年轻人爱上你［J］．酒世界，2013（8）：21－22.

味与约酒相结合，不仅在立意上突破常规，游戏自身的设计工作也极具创新意识，融入了江小白动漫人物元素，并将其大众化和“江小白化”。约酒游戏的开发使人们在酒前饭后的娱乐活动中都深深打上江小白的烙印，增加了江小白与顾客的互动，扩大了江小白的品牌影响力。

（三）微电影营销

随着微电影的兴起及受众群体的不断扩大，越来越多的企业也开始瞄准微电影这个新兴的社会化营销平台，开始借助微电影来为企业的产品做宣传。微电影营销，不同于商业化的影视大片，也不同于大众言论的视频短片，它是介于两者之间的一种新媒体网络化的营销手段。微电影与微博有异曲同工之意。微博是靠一百多字、图片等有限信息支撑起大众言论平台，而微电影则是靠故事和与观众产生情感共鸣，在短短十几分钟，甚至几分钟内打动观众，引发关注。

江小白作为利用社会化媒体进行营销的先头部队，也抓住了微电影这个新的平台。江小白的微电影宣传有两种方式：一种是由江小白赞助一些微电影的拍摄，这源于江小白曾推出的青年艺术扶持计划，为有梦想的青年搞原创艺术提供资金支持。在赞助这些微电影的同时，也会适当在一定情节上增加江小白在电影中的出镜率来扩大其知名度。另一种是根据江小白推出的一些主题活动，为其量身打造的微电影，进而起到宣传推广的作用。这些微电影都以年轻、奋斗、青春向上以及简单的生活态度为主旋律，非常贴合江小白的品牌属性。江小白曾经推出小白鸡尾酒的创意饮用方法，为扩大在消费者中的知名度，拍摄了一部《与你不期而遇》的微电影，为每种调配方式设计了独特新颖的物语，迅速赢得了年轻人的喜爱。除此之外《孤单·如果》的拍摄，也为其线下同城约酒大会活动的举办起了一定的推动作用。借助微电影为产品做宣传，又成为江小白运用社会化营销方式的一大亮点。

（四）贴吧及论坛营销

微博及微信是江小白运用的最为广泛的社会化营销工具，但除此之外，江小白为扩大品牌影响力，积极利用任何可以做宣传的平台。江小白努力追求“哪里有用户集聚地，就跟随到哪里”的宣传宗旨，在百度贴吧上注册“江小白吧”并活跃在各大论坛社区中。在“江小白吧”平台上，管理人员除了与用户互动

之外，主要是做一些毕业季系列活动来宣传产品，如评选最美照片、视频等。在论坛社区中，江小白更多的是在与社区论坛用户进行互动，参与意见的发表，增加品牌活跃度。

三、江小白的微营销理念

江小白创始人从传统营销来理解微营销，总结出了江小白微营销的理念：简单有趣、高效，把简单做到极致。这一经营理念也正与江小白一直倡导的简单生活相一致。简单带来的是高效和极致的体验，主要体现在以下方面：

在传播上，传统营销方式主要集中在平面媒体和电视媒体上等，这种传播方式是单向传播，缺乏与消费者互动，广告费用达到总成本的20%～30%，而江小白在广告投入方面还不到10%，这主要得益于微博、微信等媒体工具的运用。除了在地铁上放点互动广告牌之外，小白团队花更多的时间在社交媒体上做文章，通过社交媒体跟消费者零距离接触，既能节约成本又能加强双方互动，实现了双赢。

在产品设计上，互联网产品特点是海量单品微利，江小白在设计产品时也遵循这一原则，江小白只有一支单品，三种不同容量的规格瓶装，产品线简单更能突出集约效率。江小白的包装也很简单，做到了简单到极致，它并没有选择镶金镀银的包装，而是选择了只有几分钱的纸套，它倡导简单环保，给消费者创造高效率的产品，同时也符合“80后”、“90后”年轻人简单随性的生活态度。传统酒业在包装上花的钱要达到成本的25%～30%，而产品设计的简单让江小白的包装成本只有10%左右。

在运营渠道上，传统白酒是从总代理、省级、市级、县级等层层代理到终端，其间层层加价，层层收费。但江小白只有一级渠道，稍偏远的地区有两级渠道，最多也就是有个分销商，江小白也一直对电商进行探索，电商相当于直销，不仅让消费者可以就近获得产品，而且费用少，效率也高。在酒封仙网、淘宝网上等都可以买到产品。渠道的简单让江小白节约15%的成本。

江小白在奉行简单、有趣、简单到极致的经营理念的同时，通过传播、产品及渠道这样简单、极致的设计，使江小白在成本方面较传统酒企节省了50%，所以江小白的定价很便宜，易于被年轻消费者接受。江小白主张让顾客花最少的钱买到最实惠的产品，可见他是完全站在消费者角度来设计产品，这也是江小白能拥有众多小白粉的一个重要原因了。

四、江小白的六大微营销策略

企业的成功离不开其独特的营销策略。企业只有根据自身的发展理念、战略目标及企业文化设计新颖的营销策略，才能在激烈的营销竞争中占据有利地位。江小白根据自身的品牌理念、企业文化设计了六大微营销策略，分别是主题营销、定位营销、创意活动营销、语录营销、话题营销及情感营销。

（一）主题营销

江小白倡导“以青春的名义制造流行”，以“青春”作为产品设计和宣传的主旋律，无论是在酒瓶设计、外观包装，还是在微博文案、宣传口号上，处处洋溢着青春的气息。2013 年作为江小白业务飞速增长的一年，也是全国刮起“追忆青春”风的一年，正如电影《致我们终将逝去的青春》带给每个观影者的思考。

青春是个恒久的主题。江小白的主题营销，稳稳地抓住了人们对“青春”由衷的喜爱，在各种社交平台上，关于青春话题的讨论呼吁声很高，极易引起用户的共鸣。在文案的撰写上，江小白也采用了偏青春、偏文艺的语调，而不是深沉古板的口吻，让文案多了一丝青春的气息，和受众的心理层次刚好合。

（二）定位营销

1. 消费者定位

在品牌成立之初，江小白就已明确自己的消费群体。与传统酒企定位不同，江小白别出心裁地把消费群体定位在“80 后”、“90 后”的青年人。青年人作为时代的新生力量，喜欢尝试新鲜事物，极具活力与热情，在社交方式上也具有特

殊性，各种网络社交媒体，获得了年青一代的青睐，比如微博、微信等。江小白通过社会化媒体平台进行营销，正是把握了青年人在社交媒体上活跃度极高的特点，找准了潜在消费者的聚集地。

2. 活动模式定位

江小白会不定期举行线上线下活动，根据消费者心理需求，给出活动模式的定位：同城、约、免费。“同城”给人以熟悉感，可拉近双方距离。“约”字符合年轻人暧昧不明的心理需求，“免费”才能让所有人都有机会加入活动中来，增加活动的关注度。江小白把“同城、约、免费”作为活动模式的定位，正是把握了消费者心理诉求，所以才能在每次的线下活动中都能获得不错的反响。

（三）创意活动营销

企业运用社交媒体进行宣传，通常会不定期地在线上推出一些活动，既能增加品牌活跃度又能增加粉丝。江小白的创意活动营销通常采用线上线下相结合的方式，这种方式大胆、创新、吸引眼球，并且能快速制造营销热点。线上主要是在社交媒体进行宣传，分享活动信息，在线下组织大规模集体活动来吸引注意。

1. 遇见江小白

在最初的宣传过程中，“遇见江小白”是江小白在微博上首推的一个活动，任何人只要在现实生活中遇见和江小白相关的事物，比如广告牌或是实体的江小白酒，只要拍照发话题微博并且@我是江小白，就可参与活动并有机会中奖。简单、便捷却极具传播力的参与方式，使江小白达到了提高宣传力度的目的。

2. 同城约酒大会

同城约酒大会也是江小白一直在社交媒体上主推的活动。2013 年 12 月 21 日，陶石泉以“我们约酒吧”为主题组织了第一次约酒大会，这场千人聚会的人员，是从上万名线上报名者中筛选出来的。粉丝信息主要来源于两个渠道，一是根据网络报名得到的性别、年龄段、姓名以及联系方式，二是在微博互动中抽取的粉丝，这些粉丝的信息一部分是来自送礼物时得到的个人信息，还有一部分是工作人员通过浏览粉丝的微博内容来确认个人信息。此外，在参与人员的遴选上，江小白对年龄段进行了独特的考虑，约酒大会男性成员的年龄段为20～40岁，而女性的年龄段为25～35岁①。这个基于年龄的筛选，是因为江小白的顾客群体主要集中在80后、90后的青年人，挑选这些年龄段的年轻人更能达到最好的约酒效果。江小白团队以最基础、最精细的方式从一万多统计有效的粉丝中挑选出千人参加聚会。精细的设计，最终也获得了极佳的效果。活动当天，围绕约酒发出的微博多达上千条、转发7000多次、总评论近10万条，“我们约酒吧”这个词在新浪微博的微博量也达到了660万条。第一次约酒活动的成功展开，使江小白的关注度急剧升高，江小白团队组织各种形式的约酒大会，同时也增添了许多新鲜元素，例如增添主题party，“帮助PK赛”将参与人员分为美食帮、机车帮及歌友帮等，实行帮派约酒大战，让拥有相同兴趣爱好的人聚集一起相互交流，找到志同道合的朋友。此外还有“白色主题party”等，这些主题party，增添了活动的神秘感及参会人员的期待感。

3. 毕业季系列活动

江小白把顾客群体定位在80后、90后的年轻人，为增加与这些群体的互动，江小白会在每年的毕业季，在贴吧及微信平台上推出一系列毕业活动。

在百度贴吧上，江小白吧开辟毕业板块，设置“贴吧照片墙”，网友将自己的照片、文字和视频上传在“贴吧照片墙”里，无数吧友都能在贴吧上分享他们的青春故事。随后继“贴吧照片墙”之后，又推出“评选最美照片”活动，只要你关注江小白贴吧，或者上传照片、文字、评论帖子就能获得相应的投票权，为你喜欢的照片投票。评选结束后，江小白挑选最受欢迎的照片，从投票的吧友中抽取幸运用户，将照片制成明信片寄送出去。寄送的对象既可以是本人，也可以是吧友想送的人。夹带着青春回忆的明信片被寄出后，线上线下又刮起了一阵青春风暴。

在微信公众账号上，也会推出毕业季板块，只要在设置的毕业班级拼图模板上传班级合照，就有机会获得江小白提供的小白文艺衫及小白酒优惠券。活动的展开增加了与小白粉的互动，优惠券的赠送又刺激了小白酒的消费，可谓是双赢。

---

① 黄文潇．江小白：用小米精神制贩酒［J］．新晋商，2014（4）：77－79.

4. 青年艺术扶持计划

“江小白青年艺术扶持计划”是江小白推出的公益计划，扶持有梦想的青年去实现梦想，给予他们帮助。诸多有才华的青年艺术家致力于原创艺术的发展，但或受制于启动资金，或受制于作品偏文艺小众等原因，在理想与现实间徘徊。“江小白青年艺术推动计划”旨在关注本土文艺青年群体，旨在推动原创艺术。专项资金用来扶助摇滚乐、微电影、当代艺术等类型的艺术团体或个人。瑔乐团是“江小白青年艺术推动计划”的第一个受益的本土艺术团体，江小白现金支持12万元，扶植瑔乐团在原创摇滚乐、音乐微电影等领域进行艺术创作。在后来的约酒活动中，瑔乐团也成为约酒大会的主要乐队嘉宾。

江小白除了推出上述活动之外，还组织过其他活动，如在成都街拍几百名消费者关于简单生活宣言的视频，用2000瓶酒见证长沙贺龙体育馆最浪漫的求婚，挑战吉尼斯创造史上最大规模的畅饮派对“江小白醉后真言互动派对”等，江小白线上线下的创意营销活动持续升温，深受广大消费者的喜爱。

（四）语录营销

新颖独特的流行语录，是江小白广告宣传的显眼之处，例如“每个吃货，都有一个勤奋的胃和一张劳模的嘴”、“稀饭江小白，9494喜欢简单生活”、“价格不坑爹，品质不打折，我是江小白，小酒中的战斗机！欧耶！”，江小白准确地将“流行语”和“新媒体”两个关键点加以结合，形成了自制的江小白语录，诙谐幽默的语句不知道哪一句就戳中笑点和泪点，小白体也开始在社交网络上风靡，为江小白病毒式传播起了重要作用。

小白语录酒上面的经典语录不仅有企业团队创作的，也有一部分是粉丝在社交媒体上与江小白互动的同时创作出来的，还有一部分是江小白团队向粉丝用户征集的语录。同时在小白官网平台，也推出语录制作模板，用户也可以根据个人喜好，制作自己的专属小白语录贴。

（五）话题营销

话题营销是江小白微营销的又一大特色，拟人化运营社交媒体，借助各种社会热点事件、融合多种网络流行元素，在嬉笑怒骂中表达真实、简单的生活态度，时而卖萌，时而自嘲，关键时刻不忘传递一下正能量，颇能引发目标受众的共鸣，在社交媒体上实现多次转发。例如在热点话题“股市暴跌”中，江小白也在微博平台上发表自己的言论并附以江小白漫画来与粉丝进行互动。在与粉丝关于热点话题的讨论中，不断加强双方交流，既能增加粉丝量，又能增加用户黏度。

（六）情感营销

江小白把顾客群体定位在“80后”、“90后”年轻人的同时，也找到了与这些青年人情感上的链接点，他倡导青年人要喝出生活的态度。现代生活节奏快压力大，许多年轻人的情绪得不到宣泄，渴望淋漓尽致地释放自己的压抑情绪。各种社交媒体已成为人们发声的平台，年轻人越来越愿意在新媒体平台上自由倾诉，释放情绪，给自己加油鼓劲。因此，江小白在微博文案的撰写上，强调积极的人生态度和向上的力量，即使生活让人烦闷，也要活出乐观的态度，积极面对人生各种挑战。江小白找到了与顾客的情感共鸣，越来越多的年轻人愿意与江小白进行互动，江小白此刻不仅是一个品牌，更像是这些年轻人的一个知心朋友。通过打情感牌进行情感营销成为江小白微营销的一大特色，他将产品、情感及社交媒体很好地结合到一起，不断得到众多消费者的信赖和喜爱。

五、江小白的时尚微营销总结

不同于传统白酒企业，江小白紧跟时代潮流，成为中国白酒行业运用社会化营销的先行者，在短短几年内，就获得了白酒行业较高的市场份额。江小白将微博、微信等新媒体工具成功地运用到其品牌的传播上，不仅获得了众多新闻媒体的报道，也成为许多企业纷纷效仿的典范。一些知名酒企也推出了小酒品牌，如沱小六、泸小二等，同样运用社会化营销方式进行宣传，这些大酒企的跟风更加证实了江小白的成功。

江小白不仅抓住了营销新趋势，同时也走出了属于自己的微营销道路。第一步精准定位，这也是小白成功的一大关键前提，打破传统白酒行业消费群体，直接定位年轻人，开辟新的蓝海市场。第二步走情感道路，直接与这些“80后”、

"90 后"的消费群体通过社交工具进行情感互动，并通过江小白形象与其产生情感共鸣，拉近双方之间距离，打破买者与卖者的关系，转变为朋友关系，为微营销打下基础。第三步多平台互动，借助互联网发展下的各类社交媒体与消费者互动，扩大品牌知名度。第四步持续扩大传播范围，通过线上线下活动，持续宣传品牌影响力。第五步最终引致消费。这是江小白微营销道路的关键五步：一步定位是前提；二步情感是基础；三步平台是推力；四步传播扩大是关键；五步引致消费是目的。这五步紧密相连，环环相扣，最终造就了江小白的成功。

案例讨论

1. 其他白酒品牌是否也可以采用微营销方式？为什么？
2. 根据江小白的品牌定位，你认为江小白还可以开发哪些产品系列？
3. 江小白在品牌经营中所面临的风险是什么？应该如何规避？

第二章

布丁酒店

——领跑酒店业微信营销

随着智能手机的普及和无线网络的发展，微信已经成为企业营销的新宠。从2011年面世起，微信用户的数量迅速增加，据腾讯公司公布数据至2015年第一季度末，微信每月活跃用户已达到5.49亿人，用户覆盖200多个国家，超过20种语言①。作为现阶段最活跃的即时通信工具，微信凭借其多样化的功能和强有力的社交关系链吸引了大批企业的青睐。庞大的用户群、更强的黏性和更精准的目标定位，这让微信成为企业继微博之后的又一营销利器。布丁酒店（POD INN）就是运用微信营销的高手和领跑者。

① ZOL新闻中心．腾讯发布2015年微信用户数据报告［EB/OL］．中关村在线，http://new5.20L.com.cn/523/5237639.html/.

一、布丁酒店简介

布丁酒店连锁（中国）创立于2007年12月。布丁酒店是中国第一家时尚、新概念酒店连锁，酒店致力于为顾客创造快乐、自由、时尚的休息体验。截止到2015年10月底已在北京、上海、天津、杭州、武汉、西安等74个城市拥有400多家门店，2000万会员①。布丁酒店连锁推崇时尚、个性、温馨与环保并重，坚持为顾客创造快乐、自由、时尚的下榻体验，深受18～35岁的年轻白领、商务人士及个性化人群的喜爱；其所倡导的时尚、自助、环保、乐活、适度消费等理念，同时也影响着新一代的年轻消费者。

布丁酒店作为经济型酒店的后起之秀，在传统营销渠道上与其他经济型酒店相比优势并不明显。但移动互联网的迅速发展为布丁酒店创造了一个与其他品牌在同一起跑线上公平竞争的机会。布丁酒店自身强大的技术能力及对互联网敏锐的触觉，使得布丁酒店在移动互联领域领跑于其他同业品牌。目前，布丁酒店已建成一个完善的在线中央预定平台，在线预定已占全部订单的35%，酒店移动端官方APP、WAP网站、微信订单占全部订单的15%左右。2012年11月，布丁酒店成为全球第一家实现在线直连微信订房的酒店；2013年11月，布丁酒店成为首家上线支付宝钱包公众服务的酒店；2014年3月：一家上线外来超级电视酒店预订，用户可以通过电视直接进行酒店预订。②

二、布丁酒店的微信营销

（一）找准定位——锁定“淘宝一代”，专做年轻人市场

布丁酒店通过调研，发现两个问题，一是中国的酒店住宿市场，无论星级酒

① 根据布丁酒店连锁官网（http：//www. podinns. com/Hotel/AreaSearch）数据计算。
② 根据布丁酒店连锁官网（http：//www. podinns. com/Home/About）数据。

店还是经济型连锁酒店，多关注于35岁以上的商务人群，但根据中国旅游研究院的调研显示，65%的中国出行人口是35岁以下的年轻人，而专门针对该人群的住宿产品并不多；二是中国酒店价格分成几个档次，300元以上的多为星级酒店，150~250元是经济型酒店的价格，再往下就是大量社会旅馆，价格在100元以下，基本处于无管理、无规范、无营销的真空地带，而100~150元是一个价格的空白区。

基于此，确定了自己的市场定位：锁定于18~35岁、月收入在2000~6000元的大众年轻人市场。这部分顾客群体以大学生和都市白领为主，他们爱网络、爱音乐、爱美食、爱旅行、爱时尚，是淘宝迷和微信迷；他们崇尚自由、追求新潮、充满活力、个性十足，拒绝雷同，希望入住的酒店能彰显自我风格；他们同时对价格极为敏感，100~150元产品价格对其具有足够吸引力。例如一个年轻人来到一个陌生的城市，不管是去游玩还是去看演唱会追星，往往30元可能是他一天的饭费，为何不在住宿上省出这个钱呢？

（二）突出时尚——提供个性化服务

布丁力求为乐淘一族的青年人提供舒适但却足够超值的服务。相比其他经济型酒店20平方米左右的房间面积，布丁酒店房间可以称为迷你型，最大不超过12平方米，最小则只有5平方米，但就在如此狭小的面积里，布丁却放进了独立卫浴间、1.5米双人床以及有苹果电脑的桌台，和让顾客感到很萌并在网络上引起积极讨论的“神马”图案的窗帘。行业高度同质化的今天，布丁从创立之初就紧盯自己的目标客户，跟随他们的生活轨迹，提供给新一代顾客最具潮流、时尚的个性化服务，关键就是要给他们不一样的体验。

布丁酒店在实际运营中有很多创新举措，比如是全中国第一家使用苹果产品的连锁酒店，免费Wi-Fi模式，从创立之初就开始推行全会员制，房卡即会员卡，成为中国第一家实行“入住免押金、退房免查房”服务，真正做到拎包入住、零秒退房的高效酒店。此外，在房间内部的产品选购上，布丁十分注重年轻一代的消费趋势和倾向，与宜家家居合作，从软装选择到物品搭配，都体现出潮流时尚的气息。

此外，每一家布丁酒店的外观，包括酒店大堂、走廊等墙面分别用各种时尚的涂鸦、彩绘进行装饰，力求从第一眼开始就能吸引年轻顾客的注意。各门店几乎都有一个独特的交友区——留言墙，凡入住布丁酒店的客人都可以在墙上贴纸

条，许愿或交友、祝福或留念，交流心得，分享自己的故事和感受。除此之外，酒店客人还可以通过布丁酒店官网论坛专区及布丁酒店新浪官方微博（@布丁酒店），实现实时在线交流与互动分享。

（三）聚集人气——全方位狂揽顾客

布丁酒店的市场架构很明确。用户既在线上又在线下，而且不像如家、七天、汉庭等老牌大型连锁酒店，布丁的用户规模和基数还比较小，需要找到目标人群，所以会用到很多工具。简而言之，是线上线下齐围攻。首先是传统的电商工具布丁一直会用，主要实现预订房间功能。其次，百度也是布丁非常重要的推广平台，主要通过 SEM、SEO 推广引来客人。另外，通过微博、人人网、微信、QQ 空间等社会化媒体，与客人建立平等交流、沟通，提供及时服务，让消费者通过口碑的方式传播布丁品牌，扩大品牌影响力。而在线下，则是在目标群体能够接触到的地方大规模贴二维码供扫描加入——从门店大堂海报到易拉宝，从电梯到客房床头，呈现铺天盖地包围之势。比如，高校推广、门店设计及品牌展示与“去哪儿”等大型渠道商的合作等推广方式依然十分重要，但更多的会结合线上来做。

（四）活动策划——陪他玩才是正职

在活动策划方面，布丁酒店结合热点新闻，引发话题与互动，开展抽奖活动，刺激用户参与。用布丁酒店微信客户端运维负责人、布丁市场公关部经理的话说就是“陪他玩”。布丁酒店策划了诸多有特色的活动，吸引众多客人参与，例如“枪占 2012 避难点”和“陪他玩”等。

1. 抢占 2012 避难点

2012 年 12 月 21 日的黑夜降临以后，12 月 22 日的黎明永远不会到来……如今，“末日说”已经不攻自破，但玛雅人的预言却激发了布丁微信营销人的灵感。布丁的英文名 POD，即豌豆荚的小房间。并且布丁房间的设计与太空舱类似，网上不是说诺亚方舟座位有限吗？布丁可以提供避难所啊。

于是布丁酒店微信客户端第一次官方活动“抢占 2012 避难点”出炉了：12 月 20 日，中午 11 点至晚上 8 点，每个整点抢“2012 避难点”（即免费房一晚），并通过微信、微博、人人网等网络渠道宣传。截至活动结束日止，总参与人数达到2万多人次，当日新增会员将近6000人。沈阳一个女孩抢到房间后，在新浪微博上晒信息并寻找“末日情人”，一时引发上万条转发与评论，将活动引向高潮。

2. 陪他玩的有趣活动

布丁酒店发现，“80后”和“90后”人群不仅网络化，而且追求新潮。为了吸引他们关注，更多活动要在大胆和前卫上做文章。比如2013年1月3日，推出“520真爱房”，借力2013年1月4日谐音“爱你一生一世（201314）”，布丁酒店把房号为“520”的房间拿出来送给大家。2013年2月14日情人节前，又推出写“三行情书”赢U盘+布丁免房活动。

“不要过多推送营销消息，更多的是做互动，陪他们玩才是最主要的。”无论是运行维护还是活动营销，用户的参与和互动很关键。而且，60%都是新会员，对布丁不是很了解，双方建立联系后，有一个互相了解的过程，并重在培养会员黏性。

（五）搭建平台——实现在线互动

布丁微信活动主要分为两类：

一类是布丁搭平台，完善功能，让更多会员相互认识、分享旅游或生活趣闻逸事。例如，布丁的APP已发布了多个更新版本，功能越来越丰富，除了订房及LBS功能以外，还有夜宵酒店模块、语音查询功能。APP客户端所带来的订单已占总订单的8%，且这个数字还在持续增长中。推出的新版本增加了酒店周边美食、景点的推荐、用户点评、当地天气查询、租车服务等。公司正在研发APP与客房智控系统的结合，以后客人用APP除了订房还可以控制房间的灯光、温度、电视频道等。该系统能够智能识别用户文字内容，并且根据关键词进行自动回复。比如，输入“成都”，系统就会回复成都所有的布丁酒店信息，点击即可预定；而如果输入“妹子”，就会收到美女图片；如果输入表情图，就会收到各式笑话等。

另一类是布丁酒店员工与会员们互动。比如“放开那妹子”等，进行问答式通关，答对了推送一个前台萌妹子的照片。而且为了减少用户信息负担，布丁

只在周三和周五推送 1 条信息，以活动类与游戏类为主。

布丁酒店的微信、微博等社会化媒体运行维护和营销活动按项目机制开展，主要由公司公关部负责。微信客户端活动交由公关部全权指导。他们是活动方案的主要策划者。在具体执行过程中，如果需要设计功能，则找设术部美工协助设计页面；如果需要后台接口与微信平台对接，则找信息技术部协助。根据活动需要，临时组建一个虚拟的项目团队进行分工合作。

（六）精准营销——构建四合一长线平台

将用户吸引进来后，接下来布丁要考虑的是如何将他们转化为真实的消费与购买。与小米手机将微信定位于客服的功能不同，布丁更乐于将其定位于一个兼具沟通、会员管理、精准营销与销售四大功能且呈递推关系的长线平台。

首先它是布丁品牌与客户即时沟通的平台，扩大知名度和营造口碑。其次是会员管理平台，通过与微生活后台对接，不但增加了新会员，而且还进一步丰富老会员数据。这为接下来做很精准的会员管理和服务，以及有针对性的营销工作提供了前提条件，而且点对点的到达模式，使微信成为一个精准的营销平台。至于销售平台，有了精准营销和品牌口碑之后，在技术上开通支付功能便可实现销售愿景。

布丁的营销思路很明确。首先通过微信接触到目标客户，与他们建立“会员”联系，然后陪他们一起玩，逐渐深入了解他们，等时机成熟、清楚知道他们的需求后，给用户推介有价值的信息，实现企业的最终目的。这其中客户关系管理（CRM）大数据库无疑是精准营销的基石。

2013 年 3 月 25 日，布丁酒店 CRS 系统与微生活 CRM 后台正式对接。这不仅意味着布丁可以拿到微生活会员的信息一手数据，可以拿到会员们消费的轨迹数据，如他什么时候开通微生活会员卡，什么时候预订过房间，什么时候入住过，什么时候离店以及用户归属地等。这类数据对公司营销非常有用。通过对数据分析，有利于公司在后台对这些用户进行分层级管理，比如可将会员划分为一直未用卡的用户、非常活跃但未入住的用户、经常入住的用户等，再给他贴上更详细的标签后，然后就可以有更好的营销活动推送给他。

此外，这种推送也适用于每个区域大型活动期间。一般来说，北上广深等一线城市每年都会有规模不一的各种各样的活动。人群聚集的时候，布丁酒店基于丰富的 CRM 数据定向地做信息的推送，效率将更高。

然而，这需要一个长期经营与积累的过程。就微信销售平台功能而言，布丁酒店并不看重微生活会员的第一次消费，更在意其二次购买。会员的活跃度及重复购买率，是公司考核微信运维团队的关键绩效指标（KPI）之一。

2013年布丁会员已达600万。基于数据化的精准营销已成为布丁酒店的重要目标之一。但可以精准到多大程度依然是个挑战。跨越各社会化媒体平台的会员数据，比如布丁酒店的人人网公共主页、QQ空间、微博等依然难以打通。因此，要抓取和拥有如此丰富的大数据CRM，给用户贴上精准的标签，不仅布丁，很多网络广告技术都无法实现。而且，布丁酒店在PC端有官网、电商店面，以及微博、人人网等SNS主页，在移动端有APP和微信，多端分流以及用户平台的不断流转、迁移，也会给其CRM管理带来困难。

但对布丁酒店而言，这些难题似乎并不很重要。传统酒店做营销更多的是做硬广投放，效果有限，比如广告到达率，最重要是不知道自己的目标人群在哪儿。借助微信等营销平台，市场人员可以很清楚地接触目标客户，了解他们的行为轨迹和消费轨迹等，通过数据分析实现营销价值。

面对微信时代的到来，布丁在公司内部结构上也做了一番调整。2012年底，布丁将电商部与原来三个部门即公关部、品牌和视觉设计部、市场合作部等统一在大的市场部。相应地，电商部负责运维的官网、APP等业务也移至市场部。因为随着移动互联和移动终端的普及，用户不仅在PC端线上，未来更多可能在移动端线上，电商部应该整合在一个大的营销体系里，以便更好地实现线上线下共同布局。

三、酒店微信营销的优劣势分析

微信不是唯一开发酒店预订功能的APP，早在微信的发展前期就有很多专业性的酒店预订APP和酒店自己开发的APP相继出现。是什么让酒店转而投向微信？

一方面，微信具有其品牌优势。之所以会开通微信预订，是因为腾讯的品牌影响力、会员基数、技术能力、产品客户体验的功力。相比于一些独立开发的酒店预订APP，微信仅就会员基数方面就已经让它们望尘莫及。而对于酒店来说，

有庞大的会员基数就意味着酒店拥有多大的潜在市场。

另一方面，微信更注重私密聊天，更适合点对点的沟通。让酒店可以更好地与宾客及时沟通与交互信息，使酒店能够针对每个顾客的需求和评价相应提高自身的工作。顾客也能够对酒店形成一个良好印象。

不过，微信虽然具备很多的优点，但也存在诸多的不足。

对于酒店来说，如果没有前期的二维码宣传和微信广告，很难让顾客在成千上万的酒店中知晓。而且众多潜在消费者对微信的认知依旧只是停留在聊天上，很多人不会想到用微信去订酒店。所以酒店与微信的合作在前期需要有足够多的投入，否则就没有任何效应可言。

另外，从微信的特点来看，它重新诠释了企业、商家和用户之间的沟通方式。当企业、商家在微信上成功得到用户的关注后，便可以实现一对一的、信息到达率几乎为100%的沟通对话，在维系新老客户关系的能力上，微信已经远远超越了微博。但是，微信中的LBS、二维码扫描、朋友圈、语音功能等一系列多媒体功能，也给用户隐私造成潜在的安全问题。二维码本是一个简单的移动互联网入口，但是随着智能手机的普及和网络的漏洞，给了不法分子以可乘之机，他们将二维码技术改编成钓鱼网站、手机病毒，二维码就成了存在安全隐患的新渠道，有的用户稍不留意就中了不法分子的诱导扫描，使账号信息被盗、银行卡里面的资金被“洗劫一空”。

由此看来，微信和酒店的合作还只是处在初期阶段，很多环节的和工作需要双方共同协商和努力。优势和劣势并存的微信能给酒店带来多少收益和帮助还存在诸多的不确定。不过“O2O”是一个大的趋势，作为“O2O”领域新生力量的微信预订仍然值得很多酒店去尝试和开发。

案例讨论

1. 结合案例，分析布丁酒店与如家、七天等经济型酒店的市场定位的不同之处。

2. 结合案例，分析布丁酒店目标顾客群体的特点和需求偏好。

3. 结合案例，是不是所有类型的酒店都适合微信营销？为什么？分析酒店实施微信营销的条件。

第三章

雕爷牛腩

——用互联网思维玩餐厅

传统餐饮业已是一个竞争白热化的市场，投入高，回报低，风险大。但雕爷牛腩确是一个很成功的案例。还没开业时，它就在互联网上走红，成为北京“撞星率”（明星碰面）最高的餐厅。2013 年 5 月 20 日，雕爷牛腩正式营业，这是一家“轻奢餐”餐厅——名字听着就挺特别。开业后，很多人慕名而来，每天门庭若市，吃饭都要排很久的队。

对于做传统产品的企业，雕爷牛腩虽然不可复制，但它的创新思路、互联网玩法，都可借鉴。在“互联网 +”形势下，我们似乎从其经营中可以得出这样一个结论：不论什么产业，必须找出与互联网结合的玩法。对餐饮业而言，“互联网 +”的运营模式似乎越来越清晰——菜品种类少且精致，追求极致的用户体验，通过互联网引爆，微博引流兼客服，用微信做客户关系管理，逐渐形成粉丝文化。

一、有故事的“雕爷”

雕爷牛腩创办者叫孟醒，互联网名人，网名“雕爷”。孟醒是个有“创业瘾”的人，阿芙精油、雕爷牛腩、薛蟠烤串、三体空气净化、皮娜鲍时下午茶、河狸家……九个创业项目的LOGO印满了孟醒的名片。但孟醒坚持说自己依然在路上，“永远热泪盈眶，永远激情飞扬”①。

1998年，从上学时就有些叛逆的70后孟醒无法忍受“圈养”，辞去稳定的工作开始了自己的第一次创业，瞄准了当时刚刚发展起来的IT行业。但二十多岁的他没有阅历，也没有资源，有的只是自己头脑中有些虚妄缥缈的想法，几个月后创业便宣告失败。

第二次创业从2003年开始，孟醒开办了纳兰美容院。纳兰美容院前期发展很快，但后来市场趋于饱和，利润空间越来越小。而且在追求规模的过程中加盟了不少美容院，最终造成内部管理混乱，此次创业也以失败告终。

然而，孟醒在开办纳兰美容院的过程中收获了与中产阶级女性交流的经验，从而对这一顾客群的消费需求和消费心理有了一定的了解。在2006年进行第三次创业时，他再次将目标市场锁定在这一群体，创办了阿芙精油。2009年9月11日，孟醒尝试将阿芙精油从线下转到线上，入驻淘宝网。阿芙精油店铺在短短的一年时间内就做到了淘宝四皇冠、淘宝精油类目第一名，一个原本线下不知名的产品成为了行业龙头品牌。由此，孟醒也真切地感受到了互联网给人们带来的巨大影响。

“阿芙是我的（营销）禀赋，但我自己最热爱吃喝，干餐饮是我的乐趣。”已经财务自由的孟醒这样解释他在2012年10月创办“雕爷牛腩”的初衷。至此，孟醒已经是一名具有丰富电商运营经验的互联网知名人士。但术业有专攻，圈内圈外对孟醒此次跨界经营的未来持观望态度。

① 宋元元．二流企业家和他的一流生意［J］．环球人物，2014（29）：62－63.

二、用互联网思维做餐厅

（一）定位“轻奢”

“雕爷牛腩”定位明确，为追求生活品质的中档消费者提供高性价比的用餐体验，打造“轻奢餐，融合菜”的概念。所谓轻奢餐，是指一种介于快餐和正餐间的用餐感受。比廉价快餐要精致和美味，比豪华正餐节省时间和金钱。

“雕爷牛腩”的轻奢定位有两个层面的追求：一是让奢餐大众化，二是让大众体验奢餐享受。为了保证菜品的精细，“雕爷牛腩”菜谱上只设 12 款菜品。两道主打，再加点商务简餐，雕爷不想给顾客太多选择。对于厨师来讲，重复几种菜品更加能够保证其质量。而且孟醒通过市场调研发现，消费者若对餐厅某种菜品感到满意，在下一次光顾餐厅时点同一菜品的可能性高达 80%。所以用 12 道菜保证品质足够了。两道主打菜，咖喱牛腩饭和金汤牛腩面，每道一百多块，按普通吃客的说法，吃“牛腩 + 米饭”盖浇饭的高雅吃法。味道还不错，但味道不算重点，就像海底捞味道一般，我们更愿意说它的服务，也愿意带家人和朋友时不时吃一同。

融合菜则是指融合了不同国家的饮食特点，比如按照高端法餐形式上菜：当客人一道菜吃得差不多时，服务员才会通知后厨开始制作下一道菜，以保证最好的口感和品质。点好餐之后，讲究的小菜和饮料就来了，很特别的四碟小菜，加四碗茶水、三杯女性茶饮，可免费不限量续添，习惯取自韩国料理，而整个用餐过程的仪式感则是源自日餐。

雕爷牛腩店面都不大，十来张桌子，进店有人热情招呼，服务员都是小姑娘，黑衣，蒙着黑面纱，有点异域或伊斯兰风格。第一感觉就挺与众不同。店里服务人员，唯一露脸的就是经理，形象好，很职业，耐心地一样一样介绍。餐厅的精致感和仪式感让人均一两百元的消费有了近千元的格调。

（二）用互联网思维做产品

雕爷牛腩，是在用互联网的思维和玩法，做一家与众不同的餐厅。互联网什

么玩法呢？互联网产品思维，就是围着用户来，体验做到极致，然后用互联网方式推广。“雕爷牛腩”在未开业时就向大众做出从装修到餐具定要独树一帜，且“无一物无出处，无一处无典故”的承诺。一个茶杯、一双筷子、一支牙签、一口饭钵处处都看到“雕爷牛腩”的独具匠心①。

在菜品和餐具上，尤其是细节方面，雕爷花了大心思，也花了大价钱。这些细节，充分体现出互联网精神，围绕用户需求，把产品体验做到极致。

1. 菜品

主打牛腩的秘制配方，雕爷花了500万元，从周星驰电影《食神》中的原型——香港食神戴龙那儿以“一张中奖后的彩票”——500万元的价格买断。戴龙的代表作，一道“咖喱牛腩饭”和一道“金汤牛腩面”，成为无数人梦寐以求的巅峰享受。

2. 茶水

一落座，香茗奉上，而且男女有别，男茶为西湖龙井、冻顶乌龙、茉莉香片、云南普洱，味道从清到重，颜色从淡到浓，工艺从不发酵、半发酵到全发酵；而女茶则是红玫瑰茶、薰衣草茶、洋甘菊茶三种花茶，有美目、纤体和排毒之功效。

3. 米饭

米饭有三种，日本国宝级大米越光稻、泰国香米、纯生态的蟹田糙米。前两种，更符合一般人口味，饭碗很小，免费无限吃。

4. 餐具

与牛腩相关的餐具更为讲究。切牛腩用的是世界上最贵的中式刀、炖牛腩的锅也申请了专利，皆专为炖牛腩设计。孟醒还为牛腩面的碗做了“再创造”，竟然也是有发明专利的，碗的上方很厚重粗糙，端起来时手感很好。而喝汤时嘴能够触碰到的三分之一则薄而光滑。为了方便喝汤，面碗在“8点半”的位置开一

---

① 裴燕．雕爷牛腩的经济美学［J］．IT经理世界，2014（9）：40.

个拇指槽，端的时候更稳固，而在“1 点 20”的位置也开了一个槽，可以把筷子和勺卡在那里，喝汤时筷子和勺不会打在脸上。筷子选用缅甸上好的鸡翅木，并刻有餐厅的 LOGO，在顾客用餐完毕后，服务员还会把筷子洗净，和牙签放入一个精致的纸套，作为小礼物送给顾客。通过这些细致体贴的服务，“雕爷牛腩”为顾客创造了良好的体验环境。

5. 服务人员

餐厅服务员身着黑袍，面罩黑纱。这是为防止服务员在服务时将哈气、唾液等飞溅到食物上，影响食物的品质。高档餐厅通常为顾客准备热毛巾，但其卫生程度经常受到质疑。于是“雕爷牛腩”用湿纸巾代替热毛巾，并在里面加入精油。每个餐桌配备四种口味的海盐，挑剔的食客也惊叹服务品质的细微之处。泡咖啡和蒸米饭用的水是农夫山泉，而店内提供的瓶装水，是美国总统奥巴马最爱的“斐济”水。

从餐厅装修到餐具选用，每一处都渗透着孟醒的审美和自信。

（三）用互联网思维做营销

“取势、明道、优术”是孟醒在长江商学院上课时的最大收获[①]，他喜欢用这套系统分析所有事物。“优术”的对外层面就是营销，而营销的核心则在于对顾客需求和社会热点保持敏感。

1. 噱头，从秘方开始

孟醒将品牌建设分为三个阶段，分别是“劈开脑海”、“补充记忆”和“品牌升华”。其中第一阶段最难，大多品牌未能让消费者知道自己的存在就宣告失败。只有极少数品牌能熬到第二个阶段。而在“劈开脑海”阶段，“雕爷牛腩”定会被记录为互联网时代营销典范。这也是孟醒的唯一追求。此时，赚钱甚至上市都无法令已经财务自由的孟醒感到兴奋，他渴望成为“教科书般商业案例”。

2013 年，正式开业之前“雕爷牛腩”的第一波营销就开始了，传言主打菜咖喱牛腩的配方是500 万元重金从香港食神戴龙手中买断。电影《食神》里的故

① 孟醒．雕爷牛腩估值四亿的秘密［N］．企业家日报，2014 －7 －19（007）．

事，有一半来自戴龙本人。一提到戴龙，大家自然会想到，被香港媒体多次报道的澳门赌王何鸿燊花5000港币吃了一碗戴龙亲手做的“皇帝炒饭”。大部分人不知道的则是戴龙一生两道菜最为得意：皇帝炒饭与食神牛腩。这两道菜，除何鸿燊外，李嘉诚、霍英东、郑裕彤、董建华等港岛巨贾名流都深深钟爱，多次请戴龙到府上亲做——就连1997年香港回归当晚的国宴，因为戴龙是首席行政总厨，这两道菜也出现在当时国家领导人面前。在“雕爷牛腩”的开业典礼上，戴龙当场亲手烧掉了自己留存的配方，表示从此世间拥有秘方的只有一人。不论真假，话题性十足。这一举动不仅引发了网络上过万的转发量和评论数，也勾起了食客前往一探究竟的好奇心。

事实上，食神戴龙是一名厨师，也是一名演员，为“雕爷牛腩”制造噱头的同时也在大陆地区宣传了自己。戴龙在发布会上出任“雕爷牛腩”的荣誉行政总厨是一场双赢。

2. 微博引爆流量

（1）“封测”制度积累人气。

“雕爷牛腩”在正式开业前的半年时间里，也就是2012年12月22日“世界末日”后“重生”的第一天起，开始实行“封测”制度。“封测”是封闭测试的简称，原是网络游戏中的概念，指一款软件在正式推向市场前邀请少数用户进行体验，发现不足之处，从而进一步完善软件①。而孟醒将这种方法应用于对餐厅的改进和菜品的完善中，这意味着在这半年中，只有租金、人工等各项成本的投入，没有营业收入。据孟醒说，在为期半年的“封测”中，仅朝阳大悦城一家120平方米的店就烧掉了近千万的真金白银。半年间，孟醒邀请了各路明星、微博大号、美食达人免费试吃，并请他们提出各种意见。有些意见甚至和菜品完全无关，比如有人提出餐厅无线信号不好。面对高格调的餐厅设计和独特的用餐体验，这些公众人物也愿意将体验感受晒在微博或是朋友圈。而且既然是被邀请试吃，他们也定会在措辞和态度上有所权衡。

这样一场“封测”活动获得的不仅是大量改进的意见和建议、沉淀出了更优质的供应商，更重要的是，它邀请微博大V、媒体进行试吃，借助他人的影响

① 谷鹏，李学军．互联网思维与传统行业的结合——以雕爷牛腩店为例［J］．公司与产业，2014（15）：257－259.

力使餐厅在短期内收获了极高的关注度。这次“封测”对于雕爷牛腩来说是一场非常成功的营销。通过对公众人物的邀请，使普通消费者对于其充满了好奇和期待，在开业之前便已经积累了大量的人气。

孟醒在《迷恋》一书中提到“迷恋”的七个触发器：欲望、神秘感、警报、威望、权力、罪恶、信任。“封测”制度直接触发了其中的神秘感。作为一家餐厅，当你吃不到时更会格外想见识一下，更有一些小明星将被邀请试吃看作是一种荣耀和认可。这就像在2004年扎克伯格创办的“脸谱网”刚成立时，非哈佛大学后缀邮箱无资格注册，这使常青藤大学的学生们都想挤进来一看究竟。等到对所有常青藤大学开放时，其余大学生们也就更加按捺不住，扎克伯格由此轻而易举获得最初的成功。

（2）话题事件屡上“热门”。

“封测”期间，孟醒在微博上发起活动，请粉丝投票选择邀请哪位名人试吃。投票结果公布后：一名是颇受争议的日本女演员苍井空，网上一片骚动。而不久后，同样褒贬不一的当红微博大号“留几手”就在微博发图称自己在“雕爷牛腩”试吃时邂逅苍井空，苍井空自己在微博上证实之后又引发了网友4.5万次转发，还有“韩寒夫妇由于没有预约被餐厅拒之门外，后来打电话给重量人物才得以进入用餐”，这些都成为了当时微博的热门话题。

虽然大众都清楚地知道这都是孟醒设计的炒作事件，“偶遇”也并不是真的偶遇，但仅仅是事件的主角就能够引起上万粉丝乐此不疲地转发和讨论，“雕爷牛腩”也一度被称为北京“撞星率”最高的餐厅。

但在微博炒作过程中，雕爷牛腩也没少挨骂，比如“为了保证客人安静的就餐环境，店里规定不让12岁以下儿童进入”这条规定就引来了极大的争议。孟醒毫不避讳地转发着这些“差评”微博。他坚信，互联网经济的核心是流量经济，而争议同样能够带来流量。

3. 微信维护“死忠”

在传统餐饮行业，菜单一旦确定下来很少会有变动，“雕爷牛腩”却将菜品的更新作为常规作业，实行“一月一小换，一季一大换”，而菜品“去留”的依据就是粉丝在公众平台上的声音。孟醒每天花大量的时间盯着大众点评、微博、微信。用户只要有对菜品和服务不满的声音，都会立刻得到回馈。比如，粉丝认为哪道菜不好吃，这道菜就可能会被新菜取代，粉丝在就餐过程中哪里不满，则

可以凭官微回复获得赠菜或者免单等①。

微博是用来引爆和传播的平台，也就是做流量的工具，而微信这样相对私密的圈子则是用来维护用户做重复购买率的。比如，“雕爷牛腩”上新菜，官微会通过微信发给老用户，有图片、有文字、有口味描述。而这个不能在微博上发，以体现老用户的专属性。“雕爷牛腩”的 VIP 卡也是建立在微信上的，用户需要在关注“雕爷牛腩”的公众账号并且回答问题，通过后就能获得 VIP 身份。在“雕爷牛腩”有一个专门的 VIP 菜单，普通用户是无权查看的，就像腾讯 QQ 的一些身份特权。

虽然申请 VIP 身份是免费的，但也有很多用户申请不到。在申请微信 VIP 的过程中除了有关于餐厅菜品和服务的相关问题，还会有关于饮食偏好和个人消费习惯的问题。比如“你喜欢吃奶酪吗?”如果回答是不喜欢，可能会被扣分，最后导致申请不过。同样地，还有涉及消费习惯的题目，如果选择“不看重生活品质，习惯于省吃俭用”这样的答案会被认为不符合“雕爷牛腩”提倡的理念，同样会被扣分。这是一个筛查老客户和筛选目标客户的过程。

孟醒认为，每家餐厅都有自己的目标客户群，所谓众口难调，一家餐厅不可能伺候好所有的用户。因此，VIP 客户应该是自己能服务好的目标客户，需要产生重复购买率。因此，申请问题都是围绕着自己的菜品特点设计的，而奶酪在雕爷牛腩的菜品中经常会用到，不喜欢奶酪的用户可能不会喜欢雕爷牛腩的口味。如果用户不喜欢的是口味，就很难产生重复消费，而微信维护的效果也会大打折扣。

三、雕爷牛腩的营销效果

（一）名噪九州

孟醒的“封测”制度成功地结合了自身的劣势与优势，达到了预期的传播效果。劣势是孟醒以前没有做过餐饮，开创“雕爷牛腩”只是兴趣使然。而优

① 程艳林，梁丰．“雕爷牛腩”的 O2O 模式启示与传统企业转型的互联网思维［J］．互联网天地，2014（6）：68－72.

势之一就是孟醒自己本身就是个微博大号，在新浪微博拥有众多粉丝。多年创业经历也使他积攒了一定的人脉资源，“和菜头”、“文怡”都是孟醒生活中的多年挚友，拥有数十万计的粉丝。他们的热心转发使“雕爷牛腩”在“封测”期间一炮打响，动辄上万转发量。在新浪微博风生水起的2012年，上下班路上刷个微博的年轻白领想没听说过“雕爷牛腩”都难。

（二）用“坪效”说话

自2012年初“国八条”颁布后，中高档餐厅的业绩不可避免地受到或多或少的影响。在这样的市场氛围下，孟醒作为一个毫无餐饮运营经验的创始人，在餐饮行业获得了一席之地。“雕爷牛腩”开业仅两个月就实现了所在商场餐厅单位坪效第一名。餐厅的坪效指单位面积上产生的销售额，由翻台率和客单价决定。“雕爷牛腩”的店面通常在300平方米以下，提高了服务效率的同时也保证了翻台率，而客单价几乎是商场其他餐厅的一倍。

“雕爷牛腩”仅凭借最初朝阳大悦城和颐堤港的两家店获投资6000万元，风投给出高达4亿元的估值。消息传出，顾客再次上演“羊群效应”，当真是没吃过“雕爷牛腩”都不好意思跟别人打招呼了。2014年，孟醒在内部邮件中明确指出，“雕爷牛腩”估值近10亿元①。

（三）快速扩张

看餐厅的发展状况最直观的就是店面的扩张速度，“雕爷牛腩”开业两年后，从最初的两家店已发展为八家，其中北京七家、上海一家。

孟醒店面选址的策略是只考虑发展较成熟的商圈，这样的区域势必要承担较高的租金。但事实上，商场里每一个弱势品牌都在“补贴”强势品牌，商场永远不会用“中间值”租金跟商家商谈②。所以，“雕爷牛腩”的最初两家店在商场中位置较偏僻，租金却高得吓人。然而，正因为前两家店获得了成功，无数顾客专程来吃，餐厅外排起了长队。近几年，商场常常出现餐饮层排队，零售层冷清的局面。而“雕爷牛腩”能够为商场“引流”，其他商场开始邀请“雕爷牛

① 雕爷估值10亿：阿芙8年雕爷牛腩2年河狸家半年［EB/OL］. 光明网，2014-9-15，http://economy.gmw.cn/newspaper/2014-09/15/content_100876096.htm.

② 孟醒. 雕爷牛腩估值四亿的秘密［N］. 企业家日报，2014-7-19（007）.

腩”进店，租金也就自然低了下来，提供的位置也是人流量较大的区域。

四、案例点评

（一）重新定义传统中式餐厅

雕爷牛腩把自己定位为非传统餐厅，因此，失败的可能性极高。可以这么说，除了路边烤串的，再没有比雕爷牛腩菜品更少的正规中式餐厅了。雕爷牛腩菜单的SKU比麦当劳还少。雕爷牛腩弄“轻奢餐”的目的，就是想改写一下中餐的定义，别动辄二三百元一道菜，却又哪道都不精致。

雕爷牛腩是在向一流的法式餐厅、意式餐厅看齐，菜谱恨不能就一张纸，加甜品才二三十道菜，但每一道都极尽巧思，恰到好处。每道菜都在最佳食用时间给你端上来。菜少没关系，每个季度换菜单。

菜品向顶级餐厅看齐，装修和服务向中等偏上看齐（但更有品），价格却向中等偏下看齐（不过却是SHOPPING MALL里餐厅中几乎最贵的）。雕爷说：“对这个餐厅，我宁肯关掉，也不打算降低档次做平庸的菜品和味道。”

本案例对那些想做、正在做传统型产品的企业来说，有很大的启发。在今天的市场环境下，能不能先把原来的经验和传统套路，做一次清零，然后想想，产品怎么定位、客户怎么细分？能不能试喝、试戴？能不能放弃什么加盟、商超的老套路，想想互联网和新媒体营销的新路子，打开思路？也许，会有意想不到的效果。

（二）“互联网+”微营销策略

“雕爷牛腩”开业后顾客满怀期待尝鲜后褒贬不一，有人说“面对这样高格调的就餐环境，食物的味道早已不重要了”，也有人评价说“就算服务员吊威亚耍剑端菜，筷子上雕着送子观音，也无法掩盖牛腩不好吃的事实”。无论怎样，“雕爷牛腩”的微营销策略还是被奉为互联网品牌建设经典案例。除了“雕爷牛腩”，孟醒在做阿芙精油和2014年“河狸家”APP时，几乎也是放弃了传统营销方式而专注于微营销。近年传统产业面临的诸多窘境，在互联网时代背景下迫切需要通过转型升级来实现困局突围，抛开“雕爷牛腩”后续发展，我们至少可以从前期营销策略中总结经验，并加以学习思考。

首先，与传统营销方式相比，微营销具有成本低、传播快、受众广的特点。广告人常说谁都知道有一半的营销费用是浪费掉的，但谁也不知道是哪一半。微营销同样无法告诉你浪费掉的是哪一半，但却大大地降低了总成本。而且如果内容有趣或是有益，受众很可能成为下一个传播节点，迅速扩大了传播规模。其次，微营销最主要的两个平台——微博和微信特点不同，作用不同。微博是完全开放的平台，用来迅速引爆流量，打响知名度；而微信是一个相对私密的平台，通常用来维护客户。在这个日新月异的时代，相信不久就会出现新的传播渠道，在选择渠道前我们应当认真分析其传播特点，不同的渠道配以不同的营销策略。最后，微营销与传统营销的区别在于渠道不同，与营销4P组合中其他要素无关。产品设计、价格定位和促销推广依然不可忽视。“雕爷牛腩”的营销被奉为经典，但是产品如果口碑平平，势必会阻碍它更进一步的发展。

案例讨论

1. 剖析雕爷牛腩经营成功的市场环境。

2. 雕爷牛腩未来经营所面临的主要风险是什么？应采取何种规避之策？

3. 你认为顾客就餐所追求的体验是什么？餐厅应该从哪些方面提升顾客就餐体验？

第四章

小米手机

——微营销助推成长

小米公司是一家专注于高端智能手机、互联网电视以及智能家居生态链建设的创新型科技企业，是一家移动互联网公司。“让每个人都可享受科技的乐趣”是小米公司的愿景。小米公司首创了用互联网开发模式开发产品的模式，用极致精神做产品，用互联网模式干掉中间环节，致力于让全球每个人都能享用来自中国的优质科技产品。

一、发展速度惊人的小米公司

小米公司正式成立于2010年4月，公司自创办以来，保持了令世界惊讶的增长速度，小米手机及其子品牌红米手机已经成为了中国市场销量第一，全球销量排名前五的优秀产品，在互联网电视机顶盒、互联网智能电视，以及家用智能路由器和智能家居产品等领域也颠覆了传统市场。

（一）小米公司成长历程

我们从小米公司5年来的发展历程中，可以看到其令人惊讶甚至叹为观止的发展速度①。

2010年4月6日，小米公司正式成立；2010年8月16日，MIUI首个内测版推出；2010年12月10日，米聊Android内测版正式发布。

2011年7月12日，小米创始团队正式亮相，宣布进军手机市场，揭秘旗下3款产品：MIUI、米聊、小米手机；2011年8月1日，小米社区正式对外上线；2011年8月16日，小米手机发布会暨MIUI周年粉丝庆典在798举行，小米手机1正式发布；2011年9月5日，小米正式开放网络预订，半天内预订超30万台，取得了重大的成功；2011年12月18日，小米手机1第一次正式网络售卖。5分钟内30万台售完。

2012年5月29日，小米公司通过官网预订和销售小米手机电信版，售完10万台；2012年6月26日，小米公司董事长兼CEO雷军宣布，小米公司已完成新一轮2.16亿美元融资，此轮融资小米公司估值达到40亿美元；2012年8月16日，小米第二代手机在北京798艺术中心正式发布；2012年11月19日，第二轮MI2 10万台于2分29秒售完，第六轮M1S青春版30万台于12分02秒售罄；2012年11月25日，小米手机1S青春版第八轮20万台开售，在18分12秒内售

① 北京小米科技有限责任公司［EB/OL］. 百度百科，http：//baike. baidu. com/link？url = ACy-sUu6C4W - sl3nn - Lrylx4oqmdsRGi9vZRqGeC53qp0QQl45lZKIbn - irs618R8Hzr_ 1SbhEHxpm - Z5dIYvmyakdpEMv1hQOsZQ8SJ4FF5FI82yQZMkZRSeLdbPispL - cVi45zpsKXQImE6DMH3NO_ Ipm4JBXiy ROrhBoQbliHiu-ma_ QAg7IOdfuxbzy4Co.

罄；2012 年 11 月 29 日，第三轮 MI2 15 万台于 1 分 43 秒售罄；2012 年 12 月 07 日，小米手机往期预约用户特权专场，20 万台小米手机已售罄；2012 年 12 月 14 日，20 万台小米手机开放购买活动，其中 10 万台小米手机 2 在 2 分 17 秒售罄，10 万台小米手机 IS 青春版在 14 分 55 秒售罄；2012 年 12 月 24 日，圣诞节专场小米手机 25 万台开始放购，小米让世界刮目相看；2012 年 12 月 28 日，年末专场 25 万台小米手机在 16 分 9 秒售罄，其中小米 2 在 2 分 56 秒售罄。

2013 年 1 月 4 日，小米公司为小米手机老用户准备了 60 万张 50 元配件现金券，总额 3000 万元；2013 年 1 月 5 日，2013 年首场开放购买，25 万台小米手机仅限老用户参加。2013 年 2 月 5 日至 2 月 16 日，中午 10 点，小米手机 2、IS 开放购买；2013 年 3 月 1 日，MIUIV5 版本公测，小米手机 2 首发；2013 年 3 月 19 日，小米盒子和小米手机同步销售；2013 年 3 月 26 日，1 万台小米盒子、25 万台小米手机 2 标准版和电信版 1999 元起开放购买；2013 年 4 月 9 日，小米科技 CEO 雷军在北京国际会议中心连续发布四款新品，最新的 MIUIV5 手机系统，小米手机 2 增强版 2S、小米手机 2 青春版 2A、小米盒子核心细节陆续曝光；2013 年 6 月 8 号星期六，小米公司参与电商大战，小米手机所有型号敞开销售，配件大规模优惠，疯狂促销 15 天；2013 年 7 月 1 日，小米年度微电影招募百万人监制活动正式启动，2013 年 7 月 5 日，小米正式发布了微电影《1699 公里》；2013 年 7 月 31 日，小米正式杀入千元智能手机市场：红米手机上市并开放预约，超过 900 万用户通过 QQ 空间预约；2013 年 8 月 12 日 12 点整，红米手机开放购买，小米科技又创造了手机营销史上的一个奇迹，90 秒 10 万台红米手机售罄；2013 年 8 月 23 日，小米已完成新一轮融资，估值达 100 亿美元。这意味着小米已成中国第四大互联网公司，仅次于阿里、腾讯、百度。2013 年 9 月 5 日，小米公司在国家会议中心举行发布会，会上发布了迄今为止世界顶级四核手机小米手机 3 和超窄边智能电视小米电视机。

2014 年 3 月 27 日，小米科技与金山软件联合宣布；2014 年 4 月 8 日晚，小米官方公布了小米“米粉节”销售数据：在历时 12 小时的活动中，小米官网共接受订单 226 万单，售出 130 万部手机（含港台及新加坡 10 万台），销售额超过 15 亿元，配件销售额超 1 亿元，当天发货订单 20 万单，共 1500 万人参与“米粉节”活动；2014 年 5 月 15 日，小米公司正式发布小米平板；2014 年 7 月，小米开始进军印度市场；2014 年 8 月 28 日，小米已进军印度尼西亚市场，将在该国电子商务网站 Lazada 上独家销售红米手机；2014 年 10 月 30 日，小米公司已经

超过联想公司和 LG 公司，一跃成为全球第三大智能手机制造商，仅次于三星公司和苹果公司；2014 年 11 月 19 日，小米和顺为资本联合宣布，小米和顺为资本以 18 亿元人民币入股爱奇艺；2014 年 12 月 14 日晚，美的集团发出公告称，已与小米科技签署战略合作协议，小米 12.7 亿元入股美的集团。2014 年，小米销售手机总计 6112 万台，较 2013 年增长 227%；含税销售额 743 亿元，较 2013 年增长 135%，登顶中国市场份额第一。

2015 年 3 月 2 日，小米发布了一款新品——小蚁运动相机；2015 年 3 月 18 日，微软宣布与小米合作，小米手机 4 可刷 Windows10 系统；2015 年 7 月 15 日，李宁联合小米生态链子公司华米科技正式推出了两家合作的两款智能跑鞋——“烈骏”和“赤兔”；2015 年 8 月 28 日，小米进军互联网券商，领投老虎证券。

从上述可以看出，小米公司自创办以来，保持了令世界惊讶的增长速度，小米手机及其子品牌红米手机已经成为了中国销量第一，全球销量排名前五的优秀产品，在互联网电视机顶盒、互联网智能电视，以及家用智能路由器和智能家居产品等领域也颠覆了传统市场。国际调研机构 IHS 科技公司（IHS Technology）发布的 2015 年第一季度中国智能手机销量报告显示，2015 年上半年小米共销售 3470 万台手机，同比增长 33%，连续五个季度稳居国内手机销量第一。

表 4－1　小米公司 2012～2014 年销量

单位：万台

年份	2012 年	2013 年	2014 年
销量	719	1870	6112

资料来源：小米手机官网。

（二）微营销助推小米成长

小米的创始人雷军，曾成功创办金山软件、卓越网，投资了凡客诚品等知名品牌，这些企业推崇网络营销。除雷军外，另外七名联合创始人分别为总裁林斌（原谷歌），副总裁周光平（摩托罗拉）、黎万强（金山）、黄江吉（微软）、刘德、洪锋、王川。可以看出，小米早期核心研发团队主要由来自微软、谷歌、金山、MOTO 等国内外 IT 公司的资深员工，可以说，领导团队奠定了小米良好的网络营销基础。在良好的网络营销基础上，小米公司进一步构建了自己的微营销体系，主要包括以下几个组成部分：微博、微信、微电影、QQ 空间以及小米论坛。不同的平台承担着不同的使命，共同造就了小米如今的地位，其中微博与微信是小米微营销的主平台。

二、小米微博矩阵

小米公司于 2011 年建立官方微博，成为企业一个主要对外发布消息的平台，并逐步形成小米微博矩阵。微博矩阵是指在一个大的企业品牌之下，开设多个不同功能定位的微博，与各个层面的网友进行沟通，以达到全方位塑造企业品牌的目的。小米的微博矩阵结构如表 4－2 所示。

表 4－2　小米公司微博矩阵

公司级别	小米公司				
产品级别	小米手机	红米手机	小米电视	小米盒子	…
管理层级别	雷军	黎万强	林斌	小米王川	…
粉丝类型	小米社区	小米粉丝会	小米手机后援会		

截止到 2015 年 7 月 14 日，公司级别的小米公司微博粉丝数已达 423 万人，管理层级别的雷军粉丝数已达 1231 万人。

（一）小米微博运营原则

小米在运营微博之初，立下三条规则①：

第一，把微博账号当成网站一样去运营。投入重兵，为微博运营团队配备了完善的产品经理、主编和编辑、设计师以及软件工程师团队。

第二，把微博话题当成网站的频道一样去运营。通过运营，不断摸索总结出来一系列经验。小米为每个需要长期运营的微博话题都配备专人来运营，并且不断总结出了这些话题的不同特点。比如一个话题叫“小米手机随手拍”，号召大家用手机在生活中拍下精彩瞬间分享到微博上。这个话题，大概每天中午前后发

① 黎万强．参与感：小米口碑营销内部手册［M］．上海：中信出版社，2014：131－132.

的效果最好。因为这时候大家都出门去吃午饭，光线又好，拍照比较方便。“小米酷玩帮”是一个介绍各种新奇有趣的电子产品玩法的话题，在上午发布效果可能就会更棒一些。因为很多人上午刚上班时，习惯先上网去看一些有趣的内容。而“米言米语”这个心灵鸡汤的话题，则是放到深夜再发了。

第三，严格控制每日发布微博的数量。坚持“不刷屏”这一点，是很多企业做微博营销时不容易把持的。小米从一开始就给自己规定了红线，任何一个账号，除了发布会这样直播的大活动外，日常每天发布微博不能超过 10 条。

（二）小米微博的运营内容

具体来说，小米微博内容包括以下几方面：

1. 将有奖转发做到极致

小米的官方微博几乎天天举办转发抽奖活动，少数的奖品，却赢来了大量的转发。小米的价格、功能及其对目标受众的定位决定了小米营销微博粉丝的数量不仅要多，同时质量要高。小米公司进行微博营销的最终目的是为了从它的微博粉丝身上寻找潜在的客户，获得潜在的商业利益，因此对粉丝群体的分析和定位非常重要。小米公司不仅能准确找到其微博定位以及潜在的消费者群体，更善于分析潜在消费者群体对小米“求之若渴”的急切占有心理，采用“饥饿营销”模式，发布有奖转发等一系列微博通知，吸引目标客户对产品的关注度，增强目标客户对产品及小米公司的感情。除此之外，极致的另一表现就是小米微博将其80%的费用都用在了转发送奖上，用在了粉丝身上，使粉丝得到了实实在在的实惠，而且一旦有新产品面市时，都会被作为有奖转发的礼品送出，这样一来在提高用户转发热情的同时又很好地宣传了其新产品。2015 年 7 月 16 日，在小米新品沟通会上，推出售价为 2999 元的小米电视 2S 以及售价 1299 元的小米净水器，同一时间，小米公司账号连发多条微博，转发即送小米净水器，与粉丝互动。

小米在有奖转发中一个常见奖品是 F 码，所谓 F 码就是一组数字和字母组成的验证码（主要有小米手机 2F 码；小米手机 1SF 码；小米手机 1S 青春版 F 码；小米手机 2SF 码；红米 F 码；小米 3F 码），使你不用排队就能直接购买小米手机，而且可以享受优先发货的权利。在小米手机官方网站的右上角有一个“F 码购买通道”，第二步点进去后让你输入 F 码，第三步就可以选择手机了。换句话说，给你一个F码，在有效期内，你可以在小米官方随时购买小米的手机，但只能使用一次。由于小米手机的饥饿营销方式，使得其产品经常缺货，如果正常排队需要很久，如果想提前拥有神机，F码就显得尤为重要，于是许多人开始寻找获得F码的方法。F码顺理成章演变为一种可以顺利拿到小米手机的保障，对用户的吸引力自然提高。在这种情况下，微博定时开放抽奖活动，只需添加关注成为其粉丝，并且转发微博，就有机会获得F码，自然会赢得许多粉丝的积极互动。

2. 主动发起米粉活动，增强粉丝互动

就像谈恋爱一样，一般米粉与小米经历了“热恋期”之后，就不会再那么如胶似漆地参与互动了，这就要求小米不断发起新活动，增强微博可玩性来吸引米粉的关注，重新调动他们的积极性，小米在这方面可以说是一个优秀的组织者。

例如，在2013年的亚洲足球冠军联赛总决赛后，小米电视发布微博“‘庆恒大夺冠！转发送出5枚米3F码’在刚刚结束的亚冠决赛第二场比赛中，广州恒大以1∶1平首尔FC，获得2013年亚洲冠军联赛冠军！为庆祝恒大首夺冠军，11日前关注@小米电视，转发庆祝恒大夺冠，送出5枚小米3F码”。该微博顺应了广大中国球迷的意愿，获得了16843次转发和2447条评论①。小米专注热点、敏感话题，利用微博这一广为人知的新媒体工具，成功打响品牌知名度。

在2012世界末日谣言甚嚣尘上时，小米手机和新浪微博合作举办“末日”购物活动，于2012年12月21日开通新浪微博抢购专场，开放购买小米手机2，供货5万台，该文案2012年12月19日在小米公司微博上一经公布，短短两个小时内就被转发8万次②。

2012年12月19日10点至20日24点，小米公司发起新浪微博专场购买活动，开卖小米手机2。活动专门确定了5条规则③：第一，5万台价值1999元的小米手机2新浪微博专场开放购买，仅限新浪微博预约用户参与，预约、抢购、付款环节均在新浪微博平台完成，发货及售后由小米网负责；第二，每个微博账号仅限购买一台，填写完收获信息并生成订单即视为抢购成功；第三，支持微博

---

①③ 小米．小米新浪微博［EB/OL］．http：//weibo. com/xiaomikeji.

② 叶宇．微博营销的发展现状与策略分析——以小米微博营销为例［J］．经营管理者，2014（4）：245.

钱包在线支付，请在预约后提前开户并充值，请在下单后 24 小时内支付，小米网将参照支付顺序在 2 日内发货；第四，本次预约和抢购活动均支持 PC 和移动端（移动端仅支持微博钱包余额支付）；第五，参与微博预约，同时拥有小米手机专属勋章。

微博专场购买的全新购物方式，不仅再一次提高了小米自身的关注度，引发新一轮抢购小米手机 2 的高潮，同时使得微博钱包也得到了很好推广，实为一次两全其美的营销方式。

小米手机青春版发布前，小米的联合创始人们就集体拍摄了一部很卖萌的视频。青春版手机自然要向青春致敬。这些合伙人利用一个下午的时间，在当时公司边上中央美院的宿舍里拍了这个片子。片后有不少花絮，其中可以看到每个合伙人都负责一块，雷总负责打游戏，黎万强负责摄影，洪峰负责吐槽，KK 负责约凤姐，林斌负责看《金瓶梅》，周光平博士在“打飞机”，向“那些年”致敬。该视频在微博首发，一经发布带来的不仅是超高的转发与评论（该视频成为 2012 年转发量排名第二的热门微博，有 200 多万人转发，100 多万人参与评论），就连视频出现的《金瓶梅》封皮笔记本，KK 穿的“Adiaos”衣服都受到了粉丝的热捧，小米也积极回应，很快投入生产并通过网络进行销售，笔记本一共加印了 5000 本，仅一个上午就销售一空，Adiaos”衣服更是一度成为热销品。

3. 充分利用“@”功能

小米公司在与新浪网合作，进行微博营销时，也充分利用了名人的市场号召力及其庞大的粉丝群，与名人微博进行了联合营销。在小米微博营销的过程中，主力军除了小米自身的公司微博、员工微博之外，更有新浪微博平台一些粉丝众多的著名微博账号，如@冷笑话精选、@微博搞笑排行榜、@全球热门排行榜等，此外新浪微博也提供了一些官方大号，如@微博客服、@微博 Android 客户端、@手机微博等，这两类非小米公司内部微博共同为小米带来了巨大的转发量和评论量。小米公司为了整体销售目标利益的最大化，积极整合多种营销途径，通过新浪微博大号背后庞大的粉丝团体全面挖掘潜在受众，打造小米产品的知名度。

4. 开展微公益活动

企业开展公益活动虽不以盈利为目的，但有助于获取消费者的感情，增强消费者的信任，塑造良好的口碑形象。小米公司经常组织一些公益活动，如强大的线下同城会，小米官方每两周会根据后台分析出来的哪个城市的米粉多少来决定在不同城市举办“同城会”，与米粉一起开展公益活动，到目前为止，其已经在包括香港、台湾地区在内的全国大部分城市举办过同城活动，主题涉及关爱儿童、关爱孤寡老人、帮助小动物、保护环境、提倡环保、提倡健康的生活方式等方面。除了每月的同城会，小米在2013年春节之前在官方微博上发起“橙色大巴免费送老乡回家”的公益活动，参与到由猎豹浏览器发起的这项公益活动中，在社会上引起了很大反响。2013年春运期间因为“抢票风波”而备受关注的猎豹浏览器，针对春运推出公益之举，联合小米公司和百度，免费提供长途大巴送老乡们回家。小米公司董事长雷军转发微博以示支持，使得该活动的影响力大大增加，报名者数量大涨。在“橙色大巴”成员组发布的一封给老乡们的信中这样写道：“我们是猎豹浏览器、小米和百度，以前我们通过网络和手机为大家服务，这次我们走到线下，和你一起面对困难。无论你是否使用过我们的服务，无论你是否是我们的用户，我们都会帮助你。此刻，我们都是思乡人。‘橙色大巴’23号首发，由于未到返程高峰和宣传力度有限，我们只有一位乘客。我们帮他买了飞机票；三天后，越来越多的朋友知道了我们的活动，来自论坛和电话的报名人数超过了2000人。我们也发现高涨的需求和原计划9个班次只能送450人回家的现实之间有了矛盾。于是我们加大车次，现在有20个车次了。在客运公司也运力吃紧的时期，我们虽艰难，但充满幸福感地协调着。”这项活动得到了多家媒体的报道，很好地提升了企业的形象。

5. 利用微博平台，大打“事件营销”牌

事件营销是指企业通过策划、组织和利用具有新闻价值、社会影响以及名人效应的人物或事件，吸引媒体、社会团体和消费者的兴趣与关注，以求提高企业或产品的知名度、美誉度，树立良好品牌形象，并最终促成产品或服务的销售手段和方式。其本质就是把企业想要传播的广告信息，植入经策划、组织的有新闻价值的事件中，引起媒体的报道，从而达到宣传广告信息的目的。从其本质中不难理解企业的最终目的就是用最小的成本达到最大的宣传效果①。从小米数次的

---

① 事件营销［EB/OL］．百度百科，http：//4tnfiJ527B5sqkGoxV8xmWocrI5hk2awkmXIbuVFYHwbvasHwFNglri7m7S3xEG0JNqiywWsYp1gC5Y43YDb3_．

新品发布会所引起的全民围观来看，小米在这方面颇有心得。

神秘的小米团队首次公开亮相就让人眼前一亮。2011 年 7 月 12 日，雷军向媒体详解公司的由来，以及小米公司的三大业务，即小米手机、手机操作系统 MIUI 以及移动聊天工具米聊。其中，小米手机没有样机演示，也无更多细节介绍。唯一被肯定的信息是，小米确实将推出手机，而且手机业务是小米公司自成立之日起就在一步步谋划的核心产品。最终的揭秘则被放在 8 月 16 日的小米手机发布会上。这种制造悬念的做法早已被苹果公司频频使用。例如，第一代 iPod 发布会之前，这些记者们收到快递公司送来的一张简单请柬，上面写着："苹果公司诚邀您参加于下周三举行的数字外围设备发布会。"为了让被邀者了解实际情况，后面还附加了一句令人费解的句子："不是一台 Mac。"① 与此同时，为了更好地为其发布会预热，雷军也将其影响力发挥到了极致。翻看雷军的微博可以发现，他每天发微博的数量控制在两三条，但在小米手机发布前后，他不仅利用自己微博高密度宣传小米手机，还频繁参与新浪微访谈，出席腾讯微论坛、极客公园等活动。雷军的朋友们，包括过去雷军投资过的公司高管，如凡客 CEO 陈年、多玩网 CEO 李学凌、优视科技 CEO 俞永福、拉卡拉 CEO 孙陶然、乐淘网 CEO 毕胜等，纷纷出面唱多。

完成一系列的前期准备后，让我们把画面切回到那场发布会：宏大的会场，巨幅背投显示屏，没有主持人，没有表演，只有小米公司董事长兼 CEO 雷军一个半小时的演讲。当所有镁光灯聚焦于身着黑色 T 恤和牛仔裤的演讲者时，在场者都感慨，这场小米手机发布会完全就是乔布斯推介苹果新产品的中国版。这一切不需过多渲染就已经制造了话题。仅仅是借助乔布斯在苹果手机发布会的事件，就可以毫不费力达到媒体争相报道和宣传。这次事件后，新浪微博上"小米手机"的内容达 70 多万条②，发布会的成功可见一斑。

三、小米的微信营销

小米微信服务号下面设置了 3 个导航标签：最新活动、自助服务和产品。点

①② 谢晓泮．小米偷帅乔布斯［J］．零售世界，2012（1）：58－59.

击任一标签会自动弹出回复，自助服务，你可以查订单，查小米之家的位置等。而点击产品标签，关于小米产品的疑问你都可以在微信上得到解答。

（一）如何增加粉丝

微信粉丝的互动质量很重要，但粉丝数量更重要。特别是对那些大的产品品牌而言，把自己的用户转化为微信粉丝，是第一难关。2013 年 2 月，小米决定做微信运营，开始组建团队。2013 年 5 月 22 日，正式开通微信公众账号 xmsj816，到 2013 年 5 月底，粉丝数量已达 105 万。在短时间内积聚如此多的粉丝，小米是如何做到的？

小米微信公众账号粉丝增长的 60% 是通过官方引流，30% 是通过微信自有活动推广，还有 10% 来自于对外合作[①]。

1. 微博粉丝转化微信粉丝

将微博粉丝转到微信是一种常见的拉粉方法，小米微信公众号开通前，小米在新浪微博已经累积了将近 300 万粉丝。相对于微博，微信更强调对等的双向关系和私密空间的闭环交流，所以只有少量的微博粉丝选择关注其微信公众号，另外 2013 年年初，新浪微博一度屏蔽了其上面的微信二维码链接，导致只有 10 多万微博粉丝转换成了微信粉丝。

2. 官方渠道引流，自有活动推广

小米扩大微信粉丝群的第二个方法是通过官方渠道把自有用户转化为微信粉丝。事实上，小米微信百万粉丝中的一半都来自于其官方渠道。小米官网拉粉分为两个阶段：

第一阶段，广告拉粉。小米手机在本质上是一个电子商务的平台，每周二会有一次开放购买活动，每次活动时就会在官网上放微信的推广链接以及微信二维码，在“点击预约”键下面，会有个直接的二维码广告“关注小米手机微信”。用户可以直接扫描二维码关注其微信账号。从 2013 年 2 月份开始，每个月 4 次，持续 3 个月，一共做了 12 次。刚开始这种方法一天可以增加大约 3 万粉丝，但

---

① 黎万强．参与感：小米口碑营销内部手册［M］．上海：中信出版社，2014：148.

这种方法很快就进入了疲惫期，每天涨粉数从几万跌至几千，所以到4月份公司放弃了这种广告拉粉的方法。

第二阶段，活动拉粉。即通过开展微信活动，让粉丝参与进来。活动拉粉是一个双赢的方式，在激活老用户同时还能拉动新用户的关注。正如小米副总裁黎万强所总结的小米成功秘诀一样，“第一是参与感，第二是参与感，第三还是参与感”。基于这种认知，小米一直致力于提升用户的参与感。为了吸引更多的粉丝参与其中，小米有自己的方法，可以称之为“三段击”[①]：①小米每次微信活动之前一两天，都会提前在其微博账号、合作网站、小米论坛、小米官网上发布消息，告知活动详情。②当天强力推，发动一切自身可以利用的渠道。③活动结束之后进行后续的传播。

在小米开展的微信活动中，影响力最大的当属2013年3月举办的“小米非常6+1，你敢挑战吗”活动和2013年4月9日的米粉节活动。

其中“非常6+1”活动持续三天，从2013年3月27日15：00至3月29日24：00。活动内容十分简单，但很有效：趣味+大奖，使用类似趣味答题的方式，让用户参与进来，并设置了小米2手机、F码、小米盒子以及移动电源等奖品，每天送出50个小米手机2以及F码，30张手机充值卡，中奖概率极高。最终排名TOP10的粉丝，还将获得小米手机2、小米盒子及移动电源等大奖。鼓励用户关注小米手机公众号。该活动共吸引参与人数21万，总接收消息量403万，最终实际增加粉丝6.2万名[②]。

小米微信粉丝增长最多的一天是在2013年4月9日米粉节的时候。当天小米策划了一场现场直播互动，提供了具有足够诱惑力的奖品——关注“小米手机”微信公共账号，并且回复“GO”参与抢答，10分钟就送出一台小米手机，2点开始直播，几十万微信粉丝蜂拥而至，流量直接刷爆了小米微信客服的后台服务器。当天14：00，由于信息量瞬间爆发，直接导致微信后台崩溃，粉丝没能成功参与抢答活动，但其带来的粉丝数量的显著增长却是不争的事实。在活动开始前，小米的微信粉丝是51万人，活动结束后猛增到65万人，也就是说这次活动为小米带来了14万新粉丝[③]。

在发展这些粉丝的时候，小米还会定期举行有奖活动来激活用户。例如关注

---

①②③ 王晓娟，王婷，李萍．电商时代企业如何做好微信营销——以小米手机为例［J］．网友世界，2014（7）：73-76.

小米微信即可以参与抽奖，抽中小米手机、小米盒子，或者可以不用排队优先就买到比较紧俏的机型，这些方法都有效促进了粉丝数量的增长。

3. 第三方合作拉粉

除了以上两种方法外，小米还采取了与第三方合作的方式来增加粉丝，效果也很好。105 万粉丝中有 40% 来自于第三方合作。第三方合作可以理解为大号互推，比较给力的第三方是腾讯、微信。比如，2013 年 5 月 23 日至 2013 年 6 月 6 日，小米曾经和 QQ 会员联手搞过一次活动：只要 QQ 会员用微信搜索“小米手机”，然后在小米微信公众账号中搜索 QQ 会员生活特权，并加以关注，送出便可有机会获得小米手机 2。

此外，小米手机微信公众账号还推出了自身产品相关的一些活动及服务功能，如最新活动信息、话费充值、订单查询、产品展示等。

（二）精准定位的微信营销

小米的微信营销能够做得如此红火，除了其采用有效的方法来积聚粉丝外，还有一个重要的前提条件是精准定位——客服。

对于微信的定位，小米早期也有过迷茫期，后来明确定位为客服，致力于客户关系管理。小米做出这项决定是考虑到了微信的产品形态，微信的关键词回复机制，认为其适合打造自助服务的客服平台。小米的联合创始人黎万强曾表示，新一代人群的生活习惯正发生着巨大改变，他们喜欢通过碎片时间接受客服，小米发展微信账号，其实就是为了适应这种趋势。

小米微信账号发展起来后，可以减轻电话客服的压力，一些简单的问题，通过微信客服就可以解决。不过小米微信运营团队发现，用户手机有问题，大部分人第一反应还是打电话给小米的呼叫中心。相比之下，小米微信解决的大部分是用户不太紧急的事情，例如在微信上查找自己下的订单物流情况、货送到什么地方了等，或者在微信上把自己的 GPS 定位回传给小米，可以被告知最近的小米维修中心在什么地方。

微信同样使得小米的营销、CRM 成本开始降低。例如，以往小米做活动通常会群发短信，100 万条短信发出去，就是 4 万元的成本。一年下来，光短信费就是很大的一笔开销。而有了 100 万微信粉丝，可以节省很多成本。在经过一段时间探

索后，小米对微信有了很明确的定位，“我们在微信上是为了活跃用户，而不是为了销售。”。实际上，小米的微信案例提供了一个很有价值的样本，即把微信当作企业整个营销、服务的一个重要环节，而不是单独为了做营销而做微信。

在实际运作中，小米开发了自己的客服后台。由于微信公众账号自带的后台功能很简单，例如，其后台没有搜索功能，无法在众多的粉丝当中搜索出一个特定粉丝。当小米微信的粉丝增长到 80 万人的时候。因为后台消息量太大，导致人工无法一一回复。所以当时通过微信公众账号的 API 接口①，开发了一个专门的客服后台。这个后台比微信官方提供的后台更加清晰、容易管理，里面有很多客服账号，能够保证多客服同时在线，用户反馈的问题随机分配给客服来解决，谁成功解决问题会显示，解决结果怎么样，解决到哪一步，信息都可以实现共享。普通问题通过关键词的模糊、精准智能回复，一些重要的关键词，比如死机、重启，会找到相应的人工客服，而且该后台还可以设置人工回复关键字、回复范本，加强用户管理。我们尽量做到客服自助信息智能化回复，力求最快速解决用户问题。2013 年全年微信的消息量超过 5000 万条，其中人工处理占 10%②。

微信红遍全国，很多企业不得不关注微信，开设自己的微信公众账号。但是大部分企业都对自己的微信如何定位充满迷茫。如何与粉丝通过微信保持良好的互动，并通过微信有效地拉动销售，小米的经验也许值得许多企业参考。

四、微营销中应避免的问题

如今，许多企业都在尝试微营销，但营销思维仍趋于简单化和盲目化。以微信为例，企业开通微信并做简单维护后，就急于推广二维码，消费者一旦关注成功，企业就只剩下重复推送信息。这种方式和传统营销并没有太大区别，无法吸引消费者的注意。不管是传统营销还是微营销，归根到底，其目的都是为了满足

---

① 在小米微信运营初期，黎万强就通过和微信的谈判获得了这个较高权限的接口，这一接口让小米可以截留一些用户的行为数据，让用户数据可以截留在本地的服务器里面，并对其进行分析——而其他大部分企业账号没有这么高的权限。这一权限对于小米进行用户行为数据的分析至关重要，可以让小米的微信有针对性地改进服务。——微信营销专家管鹏

② 黎万强．参与感：小米口碑营销内部手册［M］．上海：中信出版社，2014.

消费者的需求。因此，企业的微营销要以消费者的个性化需求为导向，实现从精准化投放到精准化营销的跨越。

微营销的社交化营销模式是以人际关系网络，即人与人之间的友好、信任为基础的一种信息快速传递模式，但这种模式是一把“双刃剑”，一旦运用失当，就会有损企业形象。企业如果不顾消费者的感受，强行推送各种没有吸引力的营销信息，进行信息轰炸，不仅无法起到宣传作用，还可能使消费者在过于密集的信息中无法有效接收到有用信息，同时这种信息轰炸还极有可能引起消费者的极大反感，从而直接取消对企业的关注或删掉企业公共账号，这将使企业的微营销无法开展。更为严重的是，有些企业利用微博、微信等平台，推送虚假信息或进行与产品实际不相符合的过度宣传，一旦被消费者发现，凭借微营销的快速传播性，从而形成负面的口碑传播，将会对企业造成非常不利的影响。

在社会化媒体背景下，企业如果想要得到长远发展，就必须改变营销模式，将营销资源与处于人际关系网络下的在线用户进行联结，整合用户需求，优化企客互动，以微营销来筑造企业的美好明天。

案例讨论

1. 请总结小米公司微营销成功的关键点。
2. 微营销模式与传统营销模式的共同点和差异点分别是什么？
3. 结合小米公司微营销案例，谈谈你如何理解“粉丝经济”这一现象。
4. 试探讨微信营销适应的行业或产品，并分析原因。

第五章

星巴克

——依靠互联网创造“第四空间”

星巴克，作为唯一一个飘香到五大洲的咖啡品牌，其独有的咖啡香和墨绿色女神标志已经成为了一种城市图腾，成为了一种文化符号，深入人心。随着移动互联时代的到来，随着面对越来越大的市场，以及越来越多的竞争者，星巴克应该怎样做呢？

一、星巴克的“第三空间”

（一）星巴克发展历程

星巴克公司于1971年在美国西雅图诞生，一直精心经营咖啡豆、茶叶和香料，其规模不大，当时只有4家分店。当时，星巴克还只是专注于出售高质量的咖啡豆，没有想过提供饮料服务。现任星巴克总裁的霍华德·舒尔茨后来回忆说，“我来到这里，首先闻到了咖啡的芬芳，完全是原汁原味的那种。我感觉它就像未成品的钻石，而我则有能力把它切磨成璀璨的珠宝。”

1982年，舒尔茨辞去年薪7.5万美元的职位，加入星巴克，担任咖啡店零售业务和营销总监。舒尔茨开始向西雅图的餐馆和咖啡店销售咖啡豆。一年以后，舒尔茨有机会去米兰出差。当他走入当地的一家咖啡吧，喝第一杯意大利香奶咖啡时，就形成了创办我们今天所见到的星巴克的设想。“原来放松的气氛、交谊的空间、心情的转换，才是咖啡馆真正吸引顾客一来再来的精髓。大家要的不是喝一杯咖啡，而是渴望享受咖啡的时刻。这才是星巴克要做的。那时我真是心情澎湃。”他后来回忆说，“美国还没有这种东西，我预感到自己将会大有作为。”

然而星巴克的创始人对舒尔茨的想法嗤之以鼻。无奈之下，舒尔茨于1985年离开了星巴克。两年后，舒尔茨斥资400万美元收购星巴克，并开出第一家销售滴滤咖啡和浓缩咖啡饮料的门店，完全按照给消费者以“咖啡体验”的理念来经营星巴克，为公司注入了长足发展的动力。1991年，星巴克成为全美第一家为兼职员工提供股票选择权的私人企业。1992年，星巴克纽约纳斯达克成功上市，分店上升到165家，从此进入一个新的发展阶段。1998年，星巴克陆续在海外建立分店。截止到2015年7月28日，星巴克在全世界67个国家，拥有超过22519家门店。星巴克的最终目标，是要在全球开设25000家连锁店，就像麦当劳快餐店（拥有30000家分店）那样，无处不在。

星巴克的增长速度让人们不可思议。自1992年在纳斯达克公开上市以来，星巴克的销售额平均每年增长20%以上。2014财年，公司销售收入更是达到历史新高的171.3亿美元。过去二十多年，星巴克的股价上涨了5000%，以往没有咖啡馆公司能够做出这种史无前例的规模和增长速度。

(二) 星巴克“第三空间”理念

星巴克以往最大成功之处在于为顾客营造了一种“非家、非办公”的中间状态——第三空间，星巴克出售的不仅仅是咖啡，而是以为顾客创造“第三空间”为主题，营造出全新的顾客体验。正是这种体验成为星巴克独特魅力之所在。

星巴克一直推崇“第三空间”的理念，着力于把星巴克咖啡店打造成独立于办公室和家庭之外的首选休闲场所。依照星巴克的分析，公司、家是当代人生活的两大空间，一边是辛苦拼搏的工作之所，一边是饮食起居的生活之所。在工作和家庭生活之外，人们往往需要另外一个空间来放松自己以及相互沟通——星巴克称之为精神栖息之所。星巴克就是要给人的这种需要营造出一种放松的环境和氛围。借用星巴克董事长霍华德·舒尔茨的说法——它是忙乱、寂寞都市中的小绿洲，让奔波于家庭与办公室之间的现代人有个转换的落脚点。星巴克除了提供精致的咖啡饮品和糕点外，还向消费者提供现场钢琴演奏、欧美经典音乐、咖啡知识介绍等配套“消费品”，定位思路相当清晰——为白领提供更高价值的享受。“我不在办公室，就在星巴克；我不在星巴克，就在去星巴克的路上。”这句著名的广告词绝妙地诠释了星巴克“第三空间”悠闲、舒适和浪漫的意境。

“第三空间”的打造，是众多因素系统运用的结果，而星巴克的“第三空间”理念如此深入人心，并广受喜爱，正是得益于公司对“第三空间”环境构成要素的独到、深刻、人性化的理解与阐释。

二、互联网创造“第四空间”①

2008 年发展到一定规模的星巴克遇到了瓶颈：经济形势不佳、竞争对手强大、营销增长呈下降趋势、危机重重。公司决定将霍华德·舒尔茨重新请回 CEO

---

① 根据《中国信息化周报》2015 年 5 月 18 日第 12 版《“互联网 +”促成星巴克的救赎》一文，本书选编时有所删减。

的位置，期盼这位意志坚定的创始人能够拯救星巴克。激情四溢的舒尔茨不负众望，他带来了新的发展路线——顾客想往哪里，星巴克就要去哪里，决意顺从顾客的意愿，实施数字化、网络化战略，依靠互联网创造的“第四空间”，走出星巴克发展的新路。

之后，霍华德做了几个重要的变化：依托互联网，设立 CDO（公司首席数字官）职位；砸重金于数字网络的发展；进行移动端付费改造；开展社交网络营销，借此与顾客的步调保持一致。

（一）设立首席数字官

舒尔茨认为，“我们不仅要在星巴克门店的四堵墙以内有所作为，而且必须在移动平台和社交媒体上有所作为。向顾客传递星巴克体验时，不仅是在星巴克的物理空间里，我们希望将它延展到数字空间，包括移动平台。”在顾客的推动下，拥抱数字化，依靠互联网创造的“第四空间”，成为星巴克发展的新出路。

舒尔茨敏锐地预见到，此时的消费者期待无缝的 O2O，即线上到线下的体验。这个时代最大的变化就是数字媒介对人们生活状态的影响，他认为必须把这个时代特征迅速地融入星巴克的产品和服务之中。于是他做出了重大决策：明晰星巴克所处的时代背景，重新定位星巴克在其中的角色；坚决投资 IT 基础建设，果断建立新型的改革体制，以求带领星巴克进入数字新时代。他认为，数字业务战略与卖出咖啡一样重要。为此，星巴克率先设立了一个叫作 CDO，即公司首席数字官的职位。

在设立首席数字官之前，星享卡业务、客户忠诚计划及数字营销分由不同部门负责，而 IT 部门虽然配合公司的数字业务，但不能像现在这般更有战略性合作。然而在面向消费者的数字世界里，无论是设计体验、战略还是执行，一切均需要公司管理层在战略上达成共识。因此，CDO 的诞生，可以让内部工作更有效率——CDO 会在数字技术日新月异的形势下，选择那些连接消费者、与消费者互动的领域，团队会关注这些领域中的新鲜事物，并将它们融入星巴克客户体验中。

为此，主管星巴克网络数字化战略的是 CEO + CDO + CIO 组成的领导小组，后两者制定具体策略和实施计划，定期举办头脑风暴——常规做法是每季度一次，根据需要还可每月不定期举行一次；他们寻找为消费者和合作伙伴创造新奇体验的机会；并且与数字团队外部即门店经理们交流，了解他们与消费者、合作伙伴的互动情况，改良技术以帮助他们减少摩擦；简单地讲，数字化战略领导小组负责在整个高层中达成共识的基础上进行O2O方面的决策。

构成以“互联网+”为特征的数字战略主要有电子商务和移动付费、社交网络与数字化营销，其目的就是迅速占领数字化制高点，在众多的竞争对手中脱颖而出。

（二）利用手机钱包做促销

“时代周刊”曾经做过一项调研，要测试对象在每天上班所带“钱包和手机”或“午餐和手机”之间进行二选一，结果显示，44%的人选择手机而不是钱包，66%的人选择手机而不是午餐；另外，68%的成年人称他们睡觉时会将手机放在床边；89%的人说他们每天都离不开手机，一天没有手机，他们都感觉无法生活。

舒尔茨决意聚焦手机，这是他数字化战略的一个主要部分，他是要星巴克既保持现有经营模式，同时扩展与顾客沟通的数字接触点。数据显示，使用手机进行移动支付能够节省信用卡刷卡时间并降低交易费用。移动支付平均只需花费6秒，比在柜台刷卡交易节省时间近2/3。快捷支付对零售行业来说极为重要，它不仅能避免顾客在排长队时失去耐心、放弃购物，还能带动更多的产品销售。

事实上，星巴克的顾客在使用移动支付时，的确愿意花更多钱，因为移动支付的快捷性常能引发额外的购物冲动。为此，星巴克与斯奎尔公司（Square）合作，设计出了一种既具综合性又操作简便的移动付费和社交应用程序，供安卓或苹果手机用户使用。而二维码技术又为星巴克移动付费提供了保障，星巴克因此对公司的POS系统进行了大规模的升级改造，购买二维码扫描仪，将它与POS组装在一起。

如果顾客欲简化支付程序，他只要点击“一键付款”，然后把手机交给星巴克店员扫描一下即可。除了付款更加简便外，顾客还可查询购买记录，跟踪相关的优惠信息，并通过移动信箱接收信息、了解食物和饮品情况、选择电子礼物等。在星巴克与Square公司宣布合作后仅3个月，手机钱包支付系统就上线了，并在美国的近万家星巴克门店最先使用。

为了鼓励顾客使用手机钱包，星巴克设计了一些小优惠，例如发送短信发票等。星巴克将顾客住址附近凡是使用斯奎尔（Square）手机钱包的商家统一列入一个名单，这样形成了一个良性循环，手机钱包很快在美国成为一种新的付款

方式。

事实上，舒尔茨在支付领域的布局已初显成效①。截至2013财年末，星巴克在美国拥有约700万活跃的“星享卡”用户，美国1/3的交易用储值卡交易，全球充值金额达到37亿美元。2014年11月，星巴克骄傲地宣布，2013年全美通过移动设备完成的购买支付（Payment for Purchases by Use of all Mobile Devices in the US）总额为13亿美元，而自家占到了90%。根据Business Insider旗下市场调研部门BI Intelligence的研究报告，移动支付渠道在2013年共为星巴克贡献了超过10亿美元营业收入。星巴克每周发生500万次移动支付。如今，星巴克不仅成为美国移动支付规模最大的零售公司，其在Twitter、Facebook、Pinterest等社交媒体上也是最受欢迎的食品公司。

（三）通过O2O互动求发展

星巴克多年来所倡导的企业文化——倾听、互动、谦恭、趣味，有许多特征与社交媒体不谋而合。星巴克高级副总裁克里斯说，咖啡店就其本身而言，可以说是最初的社交空间。重归后的舒尔茨曾经给他打电话，要求他：“我们还需要一个数字社交空间。顾客很早以前就提出了这个要求，现在是时候采取行动了。”

2008年3月，“我的星巴克点子”（My Strbucks Idea）网站首次亮相。经过努力，星巴克终于让顾客知道大家的心声正在被倾听。这是星巴克创建最早、最成功的网站，通过它，星巴克实现了无缝贴近顾客的目标。该网站的成员可以分享自己关于星巴克的想法、可以对改进星巴克的点子投票，也可以对具体的产品展开讨论或体验，提出意见和建议。这个网站成功的秘诀在于和顾客进行讨论的论坛版主都是精通业务的星巴克伙伴（舒尔茨管星巴克员工叫作“伙伴”，并且给予他们超乎寻常的福利）。

如果网站只由一个部门的人如营销部门来管理，因为他们不可能熟悉各个部门的业务，所以也就很难判断点子是否有用，即使发现了，推动改变的过程也会很难。今天，该网站大约由40名论坛版主管理，他们来自公司的各个部门，各自关注与自己的业务部门相关的点子。顾客可以就他们感兴趣的方面与版主交流，这让顾客感觉自己是公司的一分子，能够得到足够的尊重。

“我的星巴克点子”网站建立5周年时曾经做过统计，当时该网站总共收集

---

① 邱月烨，李基礼. 移动支付之王：星巴克［J］. 21世纪商业评论，2015（2）：94－95。

到了约15万个点子，有超过200万个顾客参与投票，这个数字已经超过了芝加哥市长选举的投票数。例如编号为第19的点子——点子19，建议给予忠诚顾客生日优惠，公司管理层采纳后，2012年3月2日到3日两天内，约有10万名顾客享受到了生日优惠；点子28涉及棒棒蛋糕，结果每年销售的棒棒蛋糕超过580万个，周五销量最高；点子202，汽车餐厅的移动支付——你只要摇下车窗，就可以用电话付款，享用你最喜欢的咖啡。多年来，这个网站月平均登录次数超过200万。

这是一个消费者网站，同时也是一个为伙伴们创造机会和顾客联系的网站，这个网站为星巴克伙伴们提供了顾客体验和与其沟通的渠道。

“我的星巴克点子”是一个良好的开端，随后，星巴克进入了互动性更强的平台——Twitter，继而进入Facebook。因为有了Twitter的经验，星巴克在进入Facebook时做了很多前期准备工作。

星巴克全球数字营销副总裁惠勒指出，“我们需要付出很多的努力才能在Facebook上正式亮相。我们和Facebook上十几个现有的星巴克粉丝团取得了联系，这些粉丝团联系了3万个星巴克粉丝，我们希望与他们建立官方性质的合作。粉丝团得知后异常兴奋，表示乐于与我们合作。”

星巴克在实现社交网络沟通顾客的时候，尤其注重用心经营，星巴克认同社交营销专家戴夫·威廉斯将Facebook比作世界上最大的鸡尾酒会的说法，并且认同他讲的“不能将社交网络变成推销平台，而是应当力求让人喜欢——这相当于在宴会上收到的一张名片”。

在与著名社交网站的合作中，星巴克很注意谦恭、平等、真实并具有趣味性、目标明确——星巴克致力于在社交网上交朋友而不是提供优惠，换句话说，星巴克在Facebook上发布信息，是为了吸引星巴克粉丝，而不是为了推销产品或服务。

当然，You Tube、Google、四方网、Instagram、Pinterest等，还有LinkedIn也都是星巴克的内容渠道。例如在视频网站上，星巴克的宣传片有250个之多，主要传播星巴克的价值观、幕后故事以及顾客的个人体验。例如在Pinterest上，星巴克发布的消息通常是以“星巴克之爱”为主题，介绍关于咖啡、食物、音乐以及相关的知识性信息。

因此，在Pinterest的留言板上，“地道食物”、“咖啡时光”、“灵感之源”等渐渐成了星巴克的品牌核心，这也让顾客感觉更贴心。

星巴克融合社交媒体和数字媒体的做法得到了戴夫的赞许，“Facebook 上的‘赞助故事’发起人是消费者而不是商家，这是进行广告推销的最明智的做法。在这里，使用者通过在喜好、帖子、签到或者应用程序中互动，转发消息至朋友圈，形成了很微妙的广告促销过程。星巴克逐步建立自己的粉丝基础，然后利用社交图谱围绕咖啡的各个话题以及星巴克提供的各种食物和饮品展开讨论，进而达到自己在社交环境中广而告之的目的。”事实证明，在和顾客建立联系、讲述故事、扩大影响力等方面，没有哪一种方法会比社交网络的作用更强大。

数字涵盖了一切——网络、数字乃至顾客忠诚度。在实践中，星巴克看重社交网络与付费数字广告的结合，并借此紧密联系顾客。星巴克正是通过社交网络集聚了粉丝和追随者，以此确定进行促销活动或者互动的最佳时机。

社交媒体 O2O 和数字消费给星巴克带来了巨大的投资回报。依照惠勒副总裁的说法，星巴克的数字化旅程真正重要的时刻是在 2009 年，即社交网站正式投入的第二年。那年星巴克推出免费糕点日活动。星巴克决定建立一个网络平台，专门用于新食物的推出，新款食物只在这里推出，这对星巴克来说意义非同寻常。

起初大家质疑——网络上提供免费食物真能带来流量吗？实践给出的答案——能！根据网上信息，那天有 100 万人走进了星巴克。通过 150 万份免费糕点，星巴克提高了品牌的知名度。

数据表明，数字网络投资是一项非常高效的商业推动力。这些调整取得了显著的成绩。星巴克的投资得到了很好的回报，并且一跃成为传统企业进行互联网改造的“领头羊”，星巴克因此保持住了线上线下持续增长的势头，成为全球最受顾客欢迎的食品公司之一。

三、星巴克中国的微营销

目前，中国已超过日本成为星巴克最大的海外市场，也是星巴克增长最快的市场，在 84 个城市、1400 家门店里拥有 2.5 万名伙伴，每个星期的交易量达到 300 万宗。在中国，星巴克的“第四空间”通过手机 APP 以及以微博、微信为主的各类社交媒体和消费者连接的平台，坐拥 200 多万粉丝。

（一）“咖啡+音乐”——“自然醒”微营销活动

夏季通常是星巴克的淡季，2012 年夏季，为拉动销售，星巴克特别推出“冰摇沁爽”（Refresha）全新饮品，带给顾客前所未有的清新畅爽。星巴克的目标是，以“冰摇沁爽”能够在炎炎夏日沁爽身心的特色吸引顾客体验美味。同时，星巴克还希望有影响力的微信玩家和已经爱上“冰摇沁爽”的顾客能通过社交媒体向好友推荐这款新品，以期用最少的媒体投入在最短的时间内实现销售目标。于是，星巴克携手智威汤逊打造了一次引人入胜的微营销活动#自然醒一下#。

2012 年 8 月底，星巴克正式推出#自然醒一下#的微信活动。星巴克录制了 26 种不同的音乐，每种音乐都对应微信上的一种表情。用户只要关注星巴克，并发送微信表情描述当天心情，星巴克将从《自然醒》音乐专辑中挑选与用户心情最匹配的歌曲进行回复。这种随时倾听用户心声的一对一的专属服务，拉近了星巴克和消费者之间的距离，增添了用户黏性。活动上线第一周就收获 7 万多个微信好友，整个活动期间（8 月 28 日至 9 月 30 日），星巴克微信好友人数达 12.8 万。微信好友与星巴克分享的情绪超过 23.8 万次，每次分享都能够收到一首定制的 Refresha 歌曲。活动支出 25 万元，三周内，Refresha 的销售额就达到 750 万元。通过此次活动，星巴克新浪微博的粉丝人数增长了 9%，超过 52.1 万名，同时产生了超过 5.7 万次转发和评论。星巴克通过为顾客提供有创意的、一对一的、个性化专属服务，实现与顾客的有效互动，为顾客带来很多惊喜和感动，成功地抓住了老顾客，并赢得了新粉丝的信任，使得微信平台人气暴涨，为之后的微信营销活动打下了良好的基础。

从 2012 年 10 月 8 日起，星巴克再度富有创意地推出了“星巴克早安闹钟”活动，以配合早餐系列新品上市。粉丝只需下载或更新“星巴克中国”手机应用，每天早上 7～9 点，在闹钟响起后的 1 小时内到达星巴克门店，就有机会在购买纯正咖啡饮品的同时，享受半价购买早餐新品的优惠。一杯星巴克咖啡饮品，由专业的星级咖啡师精心调制，再搭配上可口的可颂/三明治/意大利夹饼，不仅口感更佳，而且低脂营养健康，让人在独特的星巴克体验中迎来活力充沛的每一天。

在微信营销不断创新、微信平台人气日渐火爆的同时，星巴克也积极地利用微博进行产品和品牌的推广。星巴克通过微博与微民建立关系，利用微博来发布产品信息（尤其是新产品），从而为品牌服务。在“星巴克中国”的微博上有一

部分重要内容就是星巴克近期的活动以及新品发布的信息。比如，星冰乐出自一名想为顾客提供一种冰饮的星巴克伙伴之手。当时当地顾客要求伙伴制作一种搅拌的咖啡饮料，但星巴克并不供应该类产品。随后那家门店开始销售一种新的搅拌饮料作为冰拿铁和冰摩卡的一种创新变化。随后星巴克创造出了一种独家的配料搅拌方法——星冰乐。再如，星巴克提供三种深度烘焙综合咖啡：浓缩烘焙、意大利烘焙和法式烘焙。星巴克®浓缩烘焙是所有浓缩咖啡饮料的基础，其咖啡具有焦糖甜味，并伴有爽口的酸度和顺滑口感。意大利烘焙咖啡，具有烤糖味，醇度较低，轻微酸度。法式烘焙咖啡色淡，几无酸度，有强烈焦糖味。

通过微博发布的产品信息，使微民对星巴克的了解不仅仅局限于咖啡本身，而且对星巴克咖啡文化有了更深入的了解。这样对于提升品牌效果，锁定消费人群，传播星巴克的文化和经营理念，起到了强有力的推动作用。

（二）日常情感维系，体验星乐趣

在日常生活中，星巴克会定期推出以“心灵感·星享法”为主题的微信活动，通过一系列的创新互动活动向消费者告知优惠活动、新品，推荐他们购买星巴克马克杯或办理星享卡，如在微信平台进行灵感测试互动，使用漫画的形式表达新品的诞生创意，通过灵感测试刺激受众好奇心，在交互过程中接受新品上市信息。再比如，星巴克对新品苹果红茶拿铁和橙香蜜意玛奇朵的宣传另辟蹊径，以新品诞生的灵感故事作为创意核心，引发线上的一系列互动传播。通过多平台的灵感测试活动，吸引一批享受生活，追求生活品质的年轻受众的好奇心与关注，从而实现新品上市的大范围告知，不仅吸引受众的兴趣，主动参与互动，而且深入地传播了新品的创意灵感。

（三）特殊节日，特殊微营销活动

在特殊节日，尤其是具有历史文化意义的日子，星巴克会应景且突破传统地举办微活动，使消费者体验星乐趣。比如，蛇年之际，星巴克推出新品福满栗香玛奇朵，其微信平台也相应推出“星运到”、“福利测试”、“星历”等活动。为提升独一无二的星巴克体验，2013 年 1 月 19 日至 2 月 18 日期间，星巴克隆重地推出了星巴克星历，每天推介一项奇趣活泼的“星”活动，例如，举一枚栗子，可享免费升杯；携父母到星巴克熊抱，获买二赠一优惠；情人节秀 kiss，享对杯特价及免费饮品，等等，星巴克星历给中国顾客带来前所未有的“星”惊喜和全新的星巴克体验。同时，活动期间，扫描星巴克中国微信二维码，添加星巴克中国官方微信账号为好友，通过名片链接直接访问“开红包，星运到”活动网站，即可开启星巴克“星”红包，不仅有机会获得星巴克特别准备的新年惊喜，还将获得来自星巴克送出的新年祝福。

中国星巴克曾在官方微博上发起“爱地球，出一杯之力”的地球日免费喝咖啡活动，只要自带星巴克随行杯或马克杯就可赠送一杯新鲜烹煮的中杯滴滤咖啡，该活动得到众多网民的响应，纷纷在微博上晒出领取咖啡时的照片，并邀朋友、同学和同事一起参与，该活动将倡导环保公益与营销推广完美结合，为星巴克赢取了广泛关注和良好的社会声誉。

星巴克运用微博与粉丝巧妙互动的例子数不胜数，都引发了大量粉丝的转发和评论。目前，星巴克中国的粉丝数已达 123 万，几乎每一条微博都有 200 余条评论，每条咖啡馆体验的转发微博至少 300 余次。

（四）星巴克微营销特点

1. 微信、微博和星巴克的主要用户契合度高

星巴克用户群具有年轻化、男性居多的特征，从职业分布来看，以拥有大量碎片时间的大学生为主。星巴克目标市场的定位是一群注重享受、休闲、崇尚知识、尊重人本的富有小资情调的城市年轻人和白领。

2. 创意和诚意打动消费者

不管是推出新产品，还是在日常情感联系或者特殊节日特殊体验方面，星巴克都坚持创新，精心地将创意与星巴克的文化、品牌形象及产品特点相融合。用独特的创意为消费者带来个性化、人性化的一对一专属服务，这不仅仅很好地为星巴克的文化和品牌服务，而且通过浓浓的人文关怀传递出星巴克的诚意，获得了粉丝的信任。

3. 注重对经营理念和企业文化的传播

星巴克在为顾客提供最优质的咖啡和服务的同时，通过个性化的店内设计、

独特的氛围管理，营造了一种独特的星巴克体验，向顾客传递了一种独特的格调，星巴克用他们的品质和服务，传递的是一种咖啡文化和以顾客为本的体验文化，而微营销活动也是为品牌和文化服务的，通过咖啡这一载体，更多的是在传递对顾客关怀，传递企业的经营理念和企业文化，也正是这样才让星巴克获得了众多粉丝的长期忠诚，很好地实现了口碑营销的效果。

4. 体现本土化

星巴克是国际品牌，但无论产品本身，还是微营销各项活动，都透露着浓浓的中国味，很好地契合了中国消费者的需求。星巴克不断提升产品质量，并根据消费者需求不断推出新品，这是星巴克能够不断开展有创意微营销活动的基础。

四、星巴克微营销的成功经验

在分析星巴克微营销案例的基础上，本书总结出星巴克以下几点成功经验：

（一）注意传递情感，用浓浓的人文关怀覆盖商业气息

在某种意义上，微营销可以被看作是关系营销，是企业持续深化与目标消费者之间关系的过程，强调去中心化、平等和互动。面对越来越理性的消费者，企业在微营销过程中应巧打情感牌，着重传递人文气息，而不是一味过度地进行广告宣传，要与目标消费者进行情感沟通，让人文关怀贯穿互动的始终。微营销的立足点是与每一个消费个体，与每一位目标消费者成为朋友是微营销的宗旨。只有浓浓的人文关怀覆盖商业气息，才能赢得消费者对企业品牌的青睐和信任。

（二）注重创意，坚持微博内容的原创性、趣味性，营造轻松愉快的氛围

只有充满创意的微营销活动才能提高关注度，独特化定位企业微营销的内容才能营造一个良好的氛围。一般来说，人们都喜欢带有新意、带有冲击力、让人眼前一亮的东西，所以，在进行微营销时，一定要花精力将创意与企业的产品和

服务结合。结合企业自身情况，精准定位目标消费群，有针对性地运用营销技巧提升关注度，聚合用户；充分利用微平台的互动性，注重信息发布的原创性和趣味性，真诚地与粉丝沟通交流，达到传播企业文化和提高美誉度的目的，提高企业活动的质量和用户参与度，及时收集反馈信息。

（三）明确目标市场，关注粉丝质量

有些企业官方微博、微信看似粉丝数量众多，但评论者、分享者寥寥无几，缺乏实质影响力，究其原因是粉丝质量参差不齐，大量“僵尸粉”、“杂粉”掺杂其中，而这些粉丝对微博营销和微信营销是没有什么价值的，因为他们不是目标消费者，只有“真粉”才会帮助企业产品或品牌信息进行有效的二次传播和实现精准营销。因此，企业不能以粉丝数量为标准评价微营销活动的成功程度，粉丝的有效性、活跃度以及对企业的忠诚度和认可度才代表着企业微营销的成功。

（四）微营销要持续创造热点话题，增加用户的参与度

企业只有不断和消费者进行沟通，让消费者了解企业的品牌文化和内涵，对消费者产生的想法、疑问进行及时回答，增加用户的参与度，才能引导用户参与到企业的品牌塑造和口碑传播中来，才能使消费者找到归属感、认同感，从而为企业创造价值。

（五）整合营销思维，将各个独立的营销方式有机结合，产生协同效应

并不是所有的产品都适合微营销，而且传统营销也有微营销所不能比拟的优势，如受众面广、到达率高、公信力强、适宜传播深度信息等。企业应根据产品特性、产品生命周期、阶段营销目标等因素，合理平衡各种营销方式的比重分配，而不应过分依赖某一类型的营销。

（六）取得粉丝的信任

获得信任最重要的方法就是不断保持和粉丝之间的互动，让粉丝感觉到你的真诚和热情。坚持真诚倾听、遵守承诺、公开公正的原则，与粉丝保持积极的情

感互动和交流，从而不断地强化彼此之间的关系，并且积累用户对品牌的信任，从而不断累积自己的长期忠实用户。

案例讨论

1. 从体验营销的视角，分析星巴克塑造“第四生活空间”的理论与现实背景。

2. 在移动互联背景下，星巴克发展遇到哪些挑战？公司应该怎样应对？

3. 星巴克在中国微营销的成功模式，是否能移植到其他国家？为什么？

第六章

杜蕾斯

——微营销中的两性性福

在中国传统观念中，“性”一直以来都是一个大家羞于谈及的话题。在这种文化观念的影响下，作为一个成立于 1929 年占据全球 26% 市场份额的两性品牌，杜蕾斯在中国的营销需要顾忌很多公序良俗。如何在遵从社会道德的前提下，迎合受众心理巧妙营销，提高他们的品牌忠诚度，这是杜蕾斯面临的一大难题。事实证明它成功攻克了这一难题。现在只要提起“安全套”，很多人第一个想到的一定是杜蕾斯。探索杜蕾斯成功的原因，除了其过硬的质量之外，公司借助以微博为代表的社交网络平台，将微营销用到了极致，吸引了一大批粉丝的关注和忠诚，也是一个关键因素。

一、两性品牌杜蕾斯

（一）杜蕾斯的简况

杜蕾斯品牌（Durex）诞生于1929年，名称源自三个英文单词的组合：耐久（Durability）、可靠（Reliability）、优良（Excellence）。作为全球知名的两性健康品牌，杜蕾斯曾隶属于英国SSL集团，2010年被利洁时集团收购①。历经80多年的时间考验，杜蕾斯已经成为卓越品质的代名词，深受全球消费者信赖。杜蕾斯每年生产约10亿只安全套，约占全球总量的四分之一，在世界上150多个国家均有销售，并在40多个市场中占据领导地位。

随着人们对性观念的逐步开放，杜蕾斯已不仅仅生产安全套，其产品线覆盖了安全套、润滑液、性用品等诸多领域，产品主要有安全套、情趣啫喱和情趣用品三大系列。除了一如既往给消费者提供品质卓越的产品外，杜蕾斯致力于让人们拥有更完美的性爱生活。杜蕾斯每隔几年便在全球范围内进行全面的两性健康调查，以了解消费者在性健康、性教育、性态度、初次性行为等诸多方面现状，从而改善人们的总体“性福”水平。

1998年，青岛伦敦杜蕾斯有限公司成立，是中国首家生产安全套的合资公司，生产和销售安全套和润滑液产品，专供中国市场，占据30%~40%的市场份额。杜蕾斯在中国不仅提供优质产品，并且赋予了自身一项更加崇高的使命，那就是让中国人拥有更完美的性爱生活。

（二）杜蕾斯在中国营销的困境

在中国，由于传统观念的影响，性用品营销一直处于较为尴尬的局面，杜蕾斯营销不可避免地面临诸多困境。比如在法律层面上，国家工商行政管理总局《关于严禁刊播有关性生活产品广告的规定》（工商广字［1989］第284号）中

① 杜蕾斯［EB/OL］．百度百科，http://baike.baidu.com/link?url=_n1KWo-els-Icfv_F6a4tl4GJVV4O6Eggx-pBE8wzYzQVAus6VM5SDDMe5xYlX7CKhPB5URfUPX1I-D5bJIc1q.

明确规定有关性生活产品的广告不宜在公众媒体上播放。到2004年，这一条款才被删除。但在2010年2月，广电总局《关于进一步加强广播电视广告审查和监管工作的通知》又限制播出宣传提高性功能的产品广告①。这些限制必然制约了杜蕾斯在传统媒体上很难有大的作为。而在文化环境层面上，受传统文化影响，中国人对“性”一直是讳莫如深，“性话题”往大说涉及道德与法律，往小说涉及生活作风和观念，时至今日探讨这一问题仍然不无顾忌。

如果说法律环境和文化环境给杜蕾斯带来的是一种制约，但微博等新媒体平台却给了杜蕾斯一个难得的机遇和空间，让这个在传统媒体上被“禁言”的品牌可以在这里自由发声。

二、杜蕾斯的微博营销

从2011年2月1日发出第一条微博开始，杜蕾斯打造出作业本怀孕事件、雨夜鞋套事件等多个经典营销策划案例。到2011年底，杜蕾斯官方微博实现了近28万粉丝的惊人突破，由此带来当年销售增长同样惊人，超过了50%②。截止到2015年9月17日，杜蕾斯官方微博粉丝数已达146万人③，相比较同行业竞争者冈本官方微博的10万粉丝，畅销全球的可口可乐官方微博的30万粉丝，杜蕾斯无疑是成功的典范。

（一）正确定位，塑造微博形象

微博定位不同于产品定位。杜蕾斯的产品定位是全球知名的两性健康品牌，要谈的自然是两性之间的那点事儿。但在现实生活中，凡是涉及“性”总是很难毫无顾忌地畅所欲言，所以谈论的角度与出发点就成了问题的关键。几经摸索，杜蕾斯将其官方微博定位在对国人的“性”教育上，致力于传播正确的性

---

① 曾凌轲．微信平台的品牌传播策略——以杜蕾斯品牌营销为例［J］．中外企业家，2015（11）：243.

② 毛敏轩．杜蕾斯官方微博内容构建分析［J］．文学界（理论版），2012（12）：305.

③ 杜蕾斯．杜蕾斯新浪微博［EB/OL］．http：//weibo. com/durexinchina? c = spr_ qdhz_ bd_ baidusmt_ weibo_ s&nick = 杜蕾斯官方微博．

理念，让人们拥有更完美的性爱生活。

在确定了微博定位之后，亟需解决的就是形象问题。在社交媒体时代，没有人愿意与冷冰冰的、高姿态的企业对话。相对于没有灵魂的账号，用户更愿意与活生生有情感有性格的人交流。一个生动、令人印象深刻的微博拟人化形象，会让企业微博运营有个良好的开端①。

基于这种认知，杜蕾斯为其微博构建了拟人化形象。最开始杜蕾斯将其官博设定为“宅男”，单纯转发和推送与产品有关的信息。但这种自说自话的方式没能引起粉丝共鸣，微博品牌影响力甚微。为改变这种情况，杜蕾斯开始调整思路。考虑到微博品牌的主要目标人群是白领，他们有品位、爱玩而不放纵，幽默而不低俗。杜蕾斯将其微博形象在这个基础上继续提升，赋予品牌一个消费者向往的人物角色：小杜杜——热爱生活，爱开玩笑，认真对待爱情，有一点绅士有一点坏，懂生活又很会玩的翩翩公子，暗合杜蕾斯“愉悦”而不忘“安全”的产品形象②。他可以用幽默的方式传递一些性知识，也可以多愁善感地谈谈爱情，并时不时说个笑话逗大家开心一笑。像正常人一样，杜蕾斯也有喜怒哀乐。动车事件、小悦悦事件等发生时，杜蕾斯率先把头像换成黑丝带，微博底色也变成黑白，并宣布“今天停止微博一天”，在第一时间发出祈福和祷告。细节之处流露出小杜杜的人性化特征，逐渐在粉丝心中建立起充满正能量的品牌形象。

（二）内容为王，强化粉丝互动

微博营销内容为王。虽然营销手段有很多，但最终能留住粉丝的一定是“内容”。杜蕾斯正是凭借完美的原创文案在微博界一炮而红。

正如我们在定位策略中提到的，小杜杜的微博形象使得其官博的内容不仅仅局限于“性”。围绕其产品特性，杜蕾斯将其官博内容集中在以下几个关键词上，分别是爱情、性感、安全、时尚，传递正向的爱情观与健康安全的生活方式。同时以诙谐、幽默、搞怪、机智的语言风格积极与粉丝、大V互动营造热点。

---

① 龚铂洋．左手微博右手微信［M］．北京：电子工业出版社，2014.

② 朱光强．杜蕾斯：暧昧也是生产力［J］．中国服饰报，2013（8）：1－2.

1. 将“暧昧”进行到底

杜蕾斯的品牌内涵中有着“开放大胆、性感激情、情爱诱惑”的基因。俗话说“男人不坏，女人不爱”，借助小杜杜这个有点小坏的形象，杜蕾斯成功将品牌内涵中挑逗人神经的暧昧情愫，以一种幽默诙谐的方式表现了出来，受其挑逗的粉丝无不热情高涨。

2014 年 9 月，有网友在网上发帖，将益达口香糖的广告词改为了“兄弟，油加满……你的杜蕾斯也满了”。杜蕾斯官博敏锐地捕捉到了这条消息，立即回复道“杜蕾斯无糖避孕套，关爱牙齿，更关心你。”将一个烂熟于心的广告通过移花接木的方式移植到杜蕾斯上，机智的回复让众多网友会心一笑，脑海中淡淡飘过一句“我懂得”，暧昧且带有深意的字眼带来与粉丝的默契。

2. 向名人借势

2011 年，@VANCEL 粉丝团发布一条微博，“韩寒新书《私》中提及送给未来 18 岁女儿的一句话——套好安全带，带好安全套。韩少真是语不惊人死不休哇……”杜蕾斯发现后评论并转发道，“所谓安全第一，韩少作为赛车手真是深谙此道啊”。语言诙谐风趣、简单明了，巧妙地将品牌诉求点与名人话题相结合，引起粉丝强烈的共鸣。

2012 年 4 月 12 日晚间，新浪草根名微博“作业本”发了一条恶搞微博，“今晚一点前睡的人，怀孕”。顿时让一群夜猫子网友困意全消。如此娱乐恶搞又符合品牌个性的微博怎能被忽略，杜蕾斯官博迅速转发并评论，“有我，没事!”随后“作业本”又一次转发了该微博，一来二去的转发为粉丝带来欢乐的同时也带来了杜蕾斯粉丝数量的增长。

3. 善于把握传播热点

2011 年 5 月 16 日，一个男人和一个女人把私奔消息发布到微博上瞬间爆红——“各位亲友，各位同事，我放弃一切，和王琴私奔了。感谢大家多年的关怀和帮助，祝大家幸福！没法面对大家的期盼和信任，也没法和大家解释，也不好意思，故不告而别。叩请宽恕！功权鞠躬。”一时间转发量高达 7 万多条，被网友们戏称为“私奔体”。杜蕾斯敏锐地捕捉到这条热点微博中的关键词“男

女”、“私奔”、“幸福”，发现都与杜蕾斯品牌个性相关。第二天（2011 年 5 月 17 日）下午便原创一条微博“私奔需要三样东西：①杜蕾斯；②现金；③一起私奔的他或她”。巧妙结合“私奔体”，掀起第二轮的话题讨论。本是一个普通的微博热点，但杜蕾斯将其与自身产品合理联系起来，使其品牌形象在粉丝讨论中得到快速传播，从而提高了品牌的知名度。

4. 突发事件，快速反应

2011 年 6 月 23 日，北京暴雨，这一话题无疑是全天热点。尤其下午下班时间雨越下越大，新闻报道地铁站积水关闭，京城大堵车，很多人回不了家，在网上消磨时间，微博上相继有人发布北京各地的雨势情况。面对网上的热烈讨论，杜蕾斯微博营销团队及时抓住了这个机会，制造了“杜蕾斯雨夜鞋套事件”——强调利用杜蕾斯的牢固性将其当作鞋套使用，可以避免鞋被淋湿。团队成员拍摄了照片，经过简单修饰，由团队成员微博@地空捣蛋首先在微博发布（为避免杜蕾斯官博首发广告色彩太浓）。大约 5 分钟之后，@杜蕾斯官方微博发表评论“粉丝油菜花啊！大家赶紧学起来!! 有杜蕾斯回家不湿鞋”并转发。短短 20 分钟之后，杜蕾斯已经成为新浪微博一小时热门榜第一名，转发超过 8.6 万次，成为 6 月 23 日全站转发第一名。这条微博也成为新浪微博第一次非明星事件、非天灾人祸，而是凭借原创和品牌相关的内容成为当周转发热门榜第一名的微博。根据传播链条的统计，“杜蕾斯微博鞋套”话题在微博上转发超过 9 万次，微博传播覆盖了至少 5700 万新浪用户①。

5. 趣味活动，调动粉丝积极性

杜蕾斯会不定期举办趣味活动，邀请粉丝参与其中。杜蕾斯曾在微博中发起关于不同三款售货架哪种更受消费者喜爱的小调查，吸引了近千名用户参加。2011 年 9 月底，杜蕾斯开展“特别的杜版车贴给特别的你”活动，鼓励品牌微博粉丝投票选出最中意的一款车贴，只要粉丝所投票的这款车贴成为该款中两个设计里票数比较高的那个，就可以得到该款杜蕾斯特别版车贴。杜蕾斯还会不时发起“今日最粉丝”活动，如“最有趣”、“最淡定”等都曾是活动主题，每天

---

① 杜蕾斯雨夜鞋套事件［J］. 创意传播，2011（11）：101－102.

随机选出一名最粉丝，送上小礼物。除此之外，情人节、圣诞节等节日，杜蕾斯还会举办专场活动与粉丝一起过节。

（三）危机公关，彰显企业姿态

企业如何应对突发事件对其形象有着深远的影响。消极懈怠必定损害企业形象，积极响应或许会是另一种方式的宣传。杜蕾斯在面对微博第一侵权案中的表现正是一次成功的危机公关[①]。

2011 年 9 月 19 日 16 点左右，网友“辣笔小球”在她的新浪微博上发布了一条自己原创的微博：“和你一起吃中饭最多的人，是你的同事；和你一起吃晚饭最多的人，是你的业务伙伴；只有和你一起吃早饭最多的人，才是你的爱人。但生活的节奏已经让爱人们一起吃顿早饭成为了奢侈。请记住：愿意清晨起床为你煮稀饭吃的人，比起深夜下面给你吃再上床的人，更值得你珍惜。”2011 年 9 月 20 日 8 点左右，在未经“辣笔小球”允许的情况下，杜蕾斯官博原文转载了这篇微博，截止到当日 15 点 40 分，该微博被转发 1575 次。9 月 21 日下午 1 时左右，“辣笔小球”发微博表示杜蕾斯侵犯了其著作权，她决定用法律手段维护自己的合法权益，杭州的郭旭律师为她提供无偿的法律服务。与此同时网上也有越来越多网友加入到围观队伍，事态开始发酵。一小时后，“杜蕾斯官方微博”正式发文向“辣笔小球”进行道歉，并提出庭外和解，表示愿意提供“辣笔小球”3 年的杜蕾斯用量。但被“辣笔小球”拒绝。9 月 22 日，“杜蕾斯官方微博”以送出 12 只装杜蕾斯零距离超薄装 100 盒给小球，加赠 100 盒给网友与“辣笔小球”达成和解。最终“辣笔小球”决定将这 200 盒杜蕾斯全部馈赠粉丝们，杜蕾斯负责包邮。

这次事件的解决虽然经历了一些波折，但最终达成和解。杜蕾斯在这一过程中勇于面对的态度得到了广大网友的点赞，成功扭转了自己的不利局面，既维护了自己的声誉，又顺势推销了自己的产品，可谓一举两得。

---

① 杜蕾斯微博侵权第一案以 200 盒避孕套换和解［EB/OL］. 浙江在线，http：//news. cnbb. com. cn/shehui/20110926/413514. html.

三、杜蕾斯营销新走向——“O2O2O”

杜蕾斯微博营销从2011年一路走来，带给人们太多惊喜，而它官方微博的成功，更是被业界认为可载入中国的微博营销史册，其中的经典案例不胜枚举[①]。但赞誉过后冷静下来必须要面对这样一个问题——仅仅凭借大量的转发评论杜蕾斯官博的辉煌还能持续多久，类似于“雨夜鞋套”这样引起巨大轰动的事件能源源不断出现吗？就目前的情况来看，没有人能给出明确的答案。但对于企业来说未雨绸缪，居安思危才能走得长远。

2013年以来，杜蕾斯不再满足于之前那种以单条微博获得巨大爆发的营销方式，而是逐渐走向整合。这里所说的整合是指将线上线下结合起来，针对粉丝特点在微博上发起活动，网友在线下参与，然后再将线下的趣闻二次传播于线上，这是一种传播上的O2O2O（线上—线下—线上）[②]，而这要满足的首要条件就是要拥有众多的核心粉丝。

任何官博创建之初的首要任务是增加粉丝。为了吸引粉丝关注，各大官博使出浑身解数。在粉丝数量不断攀升的同时，僵尸粉、抽奖控也成为了官博的常客，但实际上他们对于官博的价值其实并不大，真正有价值的粉丝应该是像朋友一样持续与官博互动的人。因此，对于已经拥有众多粉丝的杜蕾斯来说，它的官博重点不再是增加无用粉丝，而是培养高忠诚度的核心粉丝。杜蕾斯的“移动小酒馆”活动中之所以能吸引众多粉丝参与讲述自己的爱情故事，正是因为它培养了众多的核心粉丝。

2014年情人节期间，杜蕾斯与电影《北京爱情故事》进行了一场跨界合作。结合情人节的爱情主题，在《北爱》上映的第一天，杜蕾斯在微博上发起了移动小酒馆活动，活动期间杜蕾斯将一辆房车改造成一家独特的心声小酒馆，在城市中穿梭，每位情侣都可以上车喝酒，但必须讲出自己的爱情故事，酒过三巡之后，情侣们就很可能讲出自己的床头密语了。当然收集故事不只在线下，在微博

---

① 杜惠清．杜蕾斯：数字就是机会［J］．国际公关，2012（1）：56－57.

② 营销在变：杜蕾斯营销转变后的三点启示［EB/OL］．天下网商，http：//i. wshang. com/Post/Default/Index/pid/34294. html.

上杜蕾斯同样号召粉丝讲出自己的故事。最终杜蕾斯将这些收集来的真实故事在微博上进行分享，还做出了一部由讲故事的粉丝主演的爱情故事微电影，实现了线上线下的整合。这种让粉丝成为主角的方式真正实现了让用户成为品牌代言人的价值。

四、结束语

杜蕾斯微博以其独特的基调定位和有趣的传播内容成为微博营销典范。其成功的两大关键：说符合品牌个性的话并多和粉丝互动。杜蕾斯官方微博通过精准定位、内容策略和互动策略三步走，实现了品牌成功的微博营销，吸引大批粉丝关注，引爆传播。它的成功也许很难复制，但绝对可以带给我们思考。

一个成功的企业官方微博必须做到以下三点。第一，清晰定位。根据所处行业以及受众特点，挖掘情感价值，给官博一个清晰的定位。第二，坚持原创。微博营销，内容为王。只有保持原创性，话题才具有新鲜度，才有转发的价值，才能带来高转发率。第三，互动参与。要加强粉丝的黏度，对品牌的忠诚度，更好传播品牌价值，要求官博必须与粉丝进行持续的互动。

在碎片化日趋严重的今天，仅仅一种传播方式已经无法满足品牌传播的诉求，线上线下整合传播才是一种可行的传播方式。在过去，杜蕾斯是微博营销的榜样。在碎片化的今天，杜蕾斯做出的改变也许依然值得学习。

案例讨论

1. 结合案例讨论，企业应该如何塑造官方微博品牌形象？微博品牌形象与企业品牌形象、产品品牌形象的异同点是什么？

2. 请查阅杜蕾斯竞争对手冈本公司的官方微博，比较这两个官方微博的内容，分析冈本微博营销的成败之处以及原因。

第七章

野兽派花店

——把鲜花做成文艺范

随着移动互联网时代的到来，社会化媒体与生活的联系越来越紧密，营销传播开始迈向崭新的3.0时代，一股社会化营销浪潮迎面来袭，在这种全新营销浪潮的影响下，各行各业开始注重媒体渠道的创新、体验内容的创新以及沟通方式的创新，开始强调虚拟与现实的互动。在中国花卉市场上，一家名为“野兽派”的另类花店用互联网思维改造传统行业，率先以社会化媒体方式进行营销，并迅速在行业内脱颖而出。野兽派花店善于关注人的情感，并为顾客定制专属花束，赢得了无数人的喜爱和追捧，它把普通的礼品花做成了文化和艺术，它所创作的唯美动人的视觉意向在消费者心中难以磨灭，也令它难以被超越。野兽派花店凭借独特的经营理念和社会化营销方式，走出了一条富有创意的微营销之路，同时也成为国内顶级花店的代表和引导鲜花销售潮流的风向标[①]。

---

① 裴燕．野兽派花店：唯美情感的满足者［J］．IT经理世界，2014（9）．

一、野兽派花店简介

（一）起家于微博的花店

“野兽派花店”，这个名字被许多文艺青年所熟悉，2011 年 12 月诞生于新浪微博，是国内第一家“开在微博上的花店”，同时也是一家传奇花店，它仅用了两年时间就实现了从微博接单到开网店再到经营连锁实体店的华丽升级，现已发展成为国内顶级花店的代表和引导鲜花销售潮流的风向标。它的成功让许多企业看到了社会化营销方式以及高端花艺市场的巨大潜力。

野兽派宣扬的是一种精致、低调而优雅的城市生活方式，它的品牌有着艺术家的完美主义和清高，坚持自身审美，不刻意迎合讨好消费者，不为潮流所左右，以追求简单纯粹的美和趣味的生活作为其经营理念，以关注人的情感为宗旨，其品牌风格文艺范儿十足。野兽派最初为人知晓进而走红是因为“故事订花”，即根据收花人的特征以及送花人想表达的心情，创作和定制花卉作品，一个个动人的故事在微博、微信等社交媒体上讲述出来，吸引了越来越多人的关注。现在，野兽派的每个产品背后都有一个故事，并依然保留了故事订花服务。找到打动人心的线索，将花卉、人和故事用艺术创意联结起来，可以说是野兽派一大特色①。

（二）野兽派线上线下花店

野兽派花店从诞生起就有着互联网基因，它以微博、微信为主要营销阵地，以官网为主要销售渠道，把线下实体店作为其体验中心。野兽派的发展历程呈现了从线上到线下的轨迹，国际知名媒体杂志 Wallpaper 誉其为“中国高端 O2O 的先行者”。2011 年 11 月末，新浪微博开设“野兽派花店”账号，开创微博商店先河，6 个月即获 10 万粉丝，荣登 2012 年新浪微博十大人气用户榜单；2012 年

① 徐铱璟．给鲜花烙上品牌之印［J］．观察，2014（3）：30－32.

9月11日，正式推出独立官网 www.thebeastshop.com，产品从鲜花扩展到生活时尚品类，并逐渐成为奢侈品牌在中国最受欢迎的花艺产品创意合作伙伴；2013年9月开始，野兽派官网成为奢侈品牌宝曼兰朵（Pomellato），麒麟珠宝（Qeelin）中国独家网上合作伙伴；2013年12月31日，野兽派与腾讯微信确认战略合作，再创首家微信商店风气之先；2015年2月入驻天猫。凭借着独特的社会化营销方式和良好的口碑，沉淀了大量粉丝，也带来了订单数量的急剧增长，野兽派线上业务逐渐发展壮大。

线上业务的发展必然会带动线下实体店铺的发展。目前，野兽派已在上海、北京、南京、杭州等地开设了线下实体店。这些实体店都位于城市的高端街区，包裹在这种“高端、大气、上档次”的氛围之中，店内追求的却是简单纯粹的美和趣味的生活。野兽派以野兽为主题，为每一家实体店设计了不同风格的名字，如野兽小屋、野兽名媛、野兽森林、野兽屯等，花店名称新颖有趣，充满文艺色调又不失个性。“野兽派”创始人认为，东西方理论中都有关于矛盾的概念和理论，而野兽和鲜花正是一对看似矛盾、实质上却可以和谐共处的生物，一动一静、一个植物一个动物、一个保护一个治愈……只有矛盾的两个个体才是最为和谐的。所以“野兽派”的每一个实体店都有一个守护动物标识，例如上海连卡佛店内是一只憨态可掬的大熊，而北京首家实体店的“镇店之宝”是一张巨型鳄鱼桌。一个充满文艺色调的店名再加上一个守护动物，让每一家实体花店都极具个性和特色①。

（三）野兽派花店产品系列

1. 主营产品

“野兽派花店”的主营产品是鲜花和永生花，其中“莫奈花园”和“潮流之香”是花店的镇店产品，其背后的故事也为花店赢得了极高的关注度。野兽派以“珍贵”作为自己的标签，制作花束所选用的花大多都是进口花卉，花艺师根据顾客背后的故事对花束进行精心设计与装饰，并为每一束定制花束起上颇有文艺范儿的文字，如洛丽塔、仲夏夜之梦、写给父亲的信等。

---

① 李阳．“鳄鱼”出没，“野兽派”来袭［J］．中国花卉报，2014（12）：1.

2. 花店系列衍生产品

野兽派花店随着业务量的增长，采取了一种品牌延伸策略，在主打花束产品的同时，又开始跨界生产其他周边产品，这些系列衍生产品又可以分为可出售产品和线上宣传产品。

野兽派出售的衍生产品主要涵盖香水类、珠宝类、家具生活类以及婴幼儿童类，这些产品不仅有野兽派自己设计创作的，还有许多都是来自法国、意大利、英国等世界各地的名品，这些名品的加入在丰富野兽派品牌内涵的同时，也提高了野兽派的知名度。

野兽派的线上宣传产品主要是指野兽派团队在官网及微信平台上创作的《野兽时报》，其内容丰富独特，主要包含生活教室、野兽先生、野兽小姐、品牌专栏以及野兽放映厅等板块。《野兽时报》一经推出，就深得顾客的喜爱，粉丝关注度持续上升，为其品牌宣传推广起到了积极的推动作用。

二、野兽派花店的微营销体系

移动互联网的应用正在以各种模式改变着人们的消费习惯和生活方式，传统企业的生存和发展正面临着各种严峻的局面，以微博、微信、微电影为代表的移动互联网营销方式正在悄悄颠覆着企业的传统营销思维和模式。在这种社会化营销浪潮的背景下，微营销成为了企业营销的新宠，越来越多的企业开始借助社交媒体走出了自己的微营销之路，野兽派花店就是成功运用微营销的典型代表。野兽派花店运用的社会化媒体工具包括微博、微信及微视频等。

（一）微博营销

2011 年 11 月底，野兽派在新浪注册官方微博“野兽派花店”，成为国内第一家“开在微博上的花店”，并由此带动了整个花卉行业的革新和发展，造就了微博花店“星星之火”的燎原之势。野兽派凭借其独特的定制花束和故事营销方式，迅速在新浪微博上打响了知名度，赢得了众多粉丝的关注，获得了野兽派的第一批订单，可以说是新浪微博这个社会化媒体工具打开了野兽派的微营销之路。

野兽派花店刚刚成立时，只在新浪微博上通过私信的方式与顾客进行交流。顾客以私信方式提出定制花束要求，花店按照要求完成订单，虽然缺乏一个直接购买和支付的工具，客户们需要先银行转账付款才能收货，也没有第三方来监督花店服务，但凭借店主和客户之间的互信，“野兽派”的生意还是非常红火。微博粉丝数量已达到 92.8 万人，其中也包含一些演艺明星，如高圆圆、马伊琍、井柏然等，这些明星领袖的关注更为野兽派增加了许多粉丝。截止到 2015 年 11 月，总微博量已达到 2741 条，平均每天发布 1～2 条，虽然更新的微博数量不多，但是每条微博都有上百的转发量和评论，尤其是那些讲述顾客背后故事的微博更是达到了上千的转发量。不少顾客在收到特殊定制的花束后都忍不住拍照晒幸福，引发了大量网友的围观，也在无意中给“野兽派”做了广告，增加了小店的知名度①。

野兽派官方微博的内容以“故事”为主，它不仅包含顾客购买花束时的故事，也包含定制花束的花语故事，这些故事总是能引起众多粉丝的关注和互动。此外微博内容还包含对野兽派产品的详细介绍，以及和明星好友的互动类信息。其语言风格亲切、诚恳、风趣，每条微博基本配以图片，一般都能获得很高的转发量和评论量。借助于新浪微博这个社交媒体，野兽派花店迅速在行业内脱颖而出。

（二）微信营销

随着社会化媒体工具的多样化发展，微信已然成为人们必不可少的社交工具，许多企业开始纷纷通过微信平台建立公众号对企业进行宣传。野兽派也紧随时代潮流，在微信平台建立了一个“野兽派老板娘”的公众账号，其介绍是“关于野兽派，真实的故事，重要的八卦”。

在微信平台上设有野兽派自制的《野兽时报》板块，主要介绍花店发生的一些八卦趣事、顾客定制花束背后的感人故事、明星和野兽派花店之间发生的趣味故事，等等。微信平台不仅推送一些与产品相关的内容，每天也会推送出当日的生日花及其花语意义，这些生日花的推送总是能获得极高的阅读量和转发量。

---

① 张琦．文艺范老板和她的野兽派花店［J］．创业邦：2014：50－51.

野兽派花店除了和其他企业一样借助微信平台进行品牌宣传之外，它还在“野兽派老板娘”的微信公众号上开设了野兽派花店的微店，率先开启了微信商店的先河，用户可以直接通过微信平台购买野兽派系列产品。微店的设立极大地方便了用户的购买，同时也提高了野兽派花店的线上销售量。

（三）微视频营销

微视频是指可在各种新媒体平台上播放的、适合在移动状态和短时休闲状态下观看的、几分钟以内的视频短片，内容融合时尚潮流、公益教育、幽默搞怪、商业定制等主题，它可将品牌宣传融入引人入胜的故事之中，与观众达成情感共鸣，使得观众乐于观看、评论，进而转发分享，潜移默化中加深了对品牌的认知，满足了品牌推广需求。微视频作为一种快餐文化，可通过微博、视频网站、社交网站等社会化媒体进行传播，且播放只需占用短小的碎片时间，符合快节奏时代的人们文化获取习惯。微视频“社交＋视频”的特性，开创了企业全新的社会化营销方式①。

野兽派花店为扩大其品牌宣传，也紧紧抓住了微视频这种全新的营销方式，拍摄了具有野兽派风格的微视频。这些视频特点是文艺清新或搞怪幽默，不断在新浪微博、官网、微信等社交平台被粉丝进行疯狂转发和评论，为野兽派赢得了许多新粉丝的关注。野兽派花店微视频一般分为四个系列，分别是野兽先生（Mr. Beast）和野兽小姐（Ms. Beast）、节日系列、新品推广系列以及花束故事系列。

1. 野兽先生和野兽小姐

野兽先生和野兽小姐系列微视频主要是拍摄城市中形形色色的人物专题，展现他与她的生活、工作状态和精神面貌，这些人来自各行各业，都热爱生活，自由洒脱、极具个性。在野兽先生和野兽小姐的拍摄中，还会邀请一些演绎明星参与其中，作为野兽先生和野兽小姐来讲述他们的生活态度和故事。

2. 节日类微视频

节日系类微视频主要是指在每个节日期间推出的小视频，这些视频以节日为

① 赵春芳，陈国华．微视频营销价值体现及操作模式浅析［J］．现代商业，2012（15）：45－46.

主题，并以一束节日定制花束来展开整个视频的拍摄，如 2015 年母亲节，野兽派花店邀请刘烨来花房，全程记录刘烨在花艺师的指导下，将亲手制作的花束作为节日礼物送给他的母亲，一束花束，一份情感，充分诠释了对母亲的爱意。

3. 新品推广类微视频

新品推广系列微视频主要是对新品进行全方面的介绍与宣传，让顾客在购买之前，就对产品有一个全面的了解。这些小视频短小精悍、音乐清新舒缓、画面文艺优雅，让人沉醉其中，仅仅两分钟就能让观众对产品及其寓意有一个深刻的了解。

4. 花束故事类微视频

花束故事系列微视频主要是展现每束花束从最初鲜花种类及装饰品的选择再到修剪、装饰，最后完成作品的整个过程。每束花束的诞生都蕴含着一定的意义，让人在欣赏的同时，总是不禁联想到其背后的故事。

野兽派花店除了拍摄一些微视频来扩大其品牌影响力之外，也会赞助一些电影、网络剧的拍摄来扩大其品牌知名度，野兽派曾赞助由胡可主演的同名网络剧《小野兽派花店》的拍摄。许多人通过《小野兽派花店》的热播，开始喜欢上了这家花店，这也让野兽派花店的网上搜索量和粉丝关注度急剧上升，为其品牌的宣传发挥了重要作用。

三、野兽派花店的微营销策略分析

微营销作为一种全新的营销方式，现已成为企业加强品牌宣传、扩大品牌影响力的重要手段。每家企业都在积极探索这一全新的社会化营销方式，力争在这场激烈的微营销之战中，率先抢占先机，占据有利地位。在这种社会化营销的大背景下，野兽派花店也在积极探索自己的微营销之路，它根据花店自身的经营理念和品牌特色，设计了四种不同的微营销策略，分别是故事营销、情感营销、主题营销以及“明星 + 新媒体”的营销方式。

（一）故事营销：贩卖有故事的花

在“野兽派花店”微博中有这样一段话：“你与他或她之间的故事，我们默认您允许在野兽派微博中与大家分享，但我们绝不会透露任何实名。感谢那些有故事的人们，野兽派才成为一个温暖有爱的小世界。”① 野兽派花店最初的营销策略就是“贩卖有故事的花”，它把每位顾客定制花束的背后故事分享到微博、微信之中，与粉丝进行互动。例如，曾有位顾客订花，希望能表现出莫奈名作《睡莲》的意境，可当时并没有合适的花材进行创作，顾客回信说，“美值得等待”，此后，竟不再催促。数月之后，店主兼花艺师艾姆博（Amber）想起日本直岛的地中美术馆藏有《睡莲》，美术馆按照《睡莲》选择了150种植物，建成莫奈花园，一路开放在小径。店主艾姆博（Amber）自此获得灵感，终觅得花材，做成“莫奈花园”，自此，“莫奈花园”也成为花店的镇店之作，许多顾客纷纷慕名前来购买，而这个故事也被广为流传，并不断在微博上被网友转发评论。②

花和别的产品不同，它本身被赋予了很强的故事性，任何花都有其花语，花语搭配客户的经历，自然就能营造出一个好的故事。所以花店用故事营销是很符合自己的产品特性的。“野兽派花店”为人知晓也是因为所谓的“说故事订花”。野兽派花店倾听客人的故事，然后将故事转化成花束，每束花因为被赋予了丰富的故事而耐人寻味，这其中有求婚、各种纪念日、祝父母健康、更有为了圆自己的某种情结的，等等。在这样的故事营销模式中，社交网络的平台无非是最好的讲故事的地方，野兽派的粉丝在日复一日的寻常生活中，在社交平台上阅读着各式感人或者离奇的情节，已成为了生活中的一种调节剂③。

从顾客的心事，到成品花束，“野兽派花店”在虚拟的网络平台上，以一种更鲜活的形象存在。对于许多花店粉丝来说，成为故事的男女主角，围观寻常生活中有趣的细节，已经成了买花之外的一种附加值。野兽派的成功告诉我们，利用微博、微信的病毒式故事传播，可以提高品牌知名度，进而免费获得大量的潜

---

① 鲜花市场剑拔弩张，电商纷纷另辟蹊径．［EB/OL］．辽宁新闻网，http：//www. ln. chinanews. com/html/2015 - 02 - 12/1024912. html.

② 微博营销的十个经典案例［EB/OL］．中国食品科技网．http：//www. tech - food. com/kndata/detail/k0093635. htm.

③ 戴丽敏．社交网络时代的市场营销模式探索［D］．上海：上海外国语大学，2013.

在客户。

（二）明星+新媒体：助阵微营销

野兽派花店能在行业内脱颖而出，还有一个重要原因就是采用了“明星+新媒体”的方式来为花店做宣传。许多人认为野兽派之所以能够获得众多明星的喜爱和支持是因为其老板和文艺娱乐界人士相熟，有许多明星转发其微博所致。不可否认，野兽派在这方面确实颇具优势，在开博之初就有名模秦舒培、明星井柏然等不时与微博互动，引致了大量粉丝关注。但最终决定其人气的还是产品本身，只有好的产品才能增加顾客的用户黏性，得到顾客的长期支持。刘嘉玲为了订花，会亲自拨打野兽派的热线，更在花店网站一周岁生日时送上 VIDEO 祝福；井柏然会为花店做义工；已经升级为女神的高圆圆为了推野兽派的多肉植物展示其文艺女青年的新形象，并指定野兽派花店为其设计婚礼所用的手捧花；马伊琍联手野兽派大卖“小港湾”花盒，并将销售所得捐给帮助自闭症儿童的大福基金；[①] 李宇春曾作为野兽先生为其拍摄微视频……可见只有真正好的产品，才能赢得众多明星粉丝的喜爱和关注。

野兽派花店还采用与知名人士合作的方式推出自己的产品。在艺术家郭鸿蔚到上海举办首展之前，野兽派花店就曾与之合作推出了一款名为“一个陌生女人的来信”的丝巾，上面印着郭鸿蔚的水彩画；在 2013 年母亲节，“野兽派花店”还联手女星马伊俐推出了一款叫作“小港湾”的母亲节花盒，以珍贵的紫色康乃馨长生花来祝福母亲，向母爱表示感谢[②]。

野兽派花店运用了“明星+新媒体”的宣传方式，借助各种社交媒体，将明星带入品牌的宣传中，发挥明星在网络中意见领袖的作用，逐渐扩大品牌在粉丝中的知名度，扩大其影响力。

（三）情感营销：搭建花店与粉丝情感交流的桥梁

情感营销就是把消费者个人情感差异和需求作为企业品牌营销战略的情感营销核心，通过借助情感包装、情感促销、情感广告、情感口碑、情感设计等策略

---

① 刘嘉玲高圆圆的真爱：野兽派花店［EB/OL］. YOKA 时尚网，http：//www. yoka. com/life/culture/2013/0918860267. shtml.

② 张琦 . 让花束讲故事，文艺妞引领中国花艺潮流［J］. 生存手记，2013：24－25.

来实现企业的经营目标。①

野兽派花店一直崇尚“追求美而有趣的生活”的经营理念，然而鲜花和艺术都是“美且无用”的东西，属于马斯洛需求金字塔的塔尖，但是花最大的价值在于帮助人们表达爱，各种人与人之间的爱。既然能起到人与人之间情感纽带的作用，花就能够被赋予更多的价值。

如今已经进入了情感消费时代，尤其对于都市白领阶层，消费者所看重的已不仅仅是商品本身，而是越来越倾向于得到一种情感上的满足。情感营销就是从消费者的情感需求出发，寻找如何与用户达到情感上的共鸣。野兽派花店在微博、微信平台上，每天都会发送一些花店信息，常常也会分享各种客户的送花故事和趣闻。对于许多花店粉丝来说，每天阅读着花店的各种感人或离奇的故事，围观寻常生活中有趣的细节，久而久之便会成为一种习惯，对花店产生一种亲切的情感，进而搭建了花店与粉丝情感交流的桥梁。传统花店更多的是关注店内服务，这些服务往往随着鲜花的售出而终止；而野兽派花店则采用全程服务，从准备花材到作品出炉、从配送鲜花到客户反馈，全程都会在微博上晒出来，这种无时无刻的互动，让客人感到温馨，也让简单的买卖关系增添了浓厚的人情味，客户自然就成了永久的朋友。此时此刻，野兽派不仅是一家花店，它已成为顾客的亲人和朋友。野兽派花店正是通过这种社交媒体的情感营销方式，为企业赢得了众多忠实粉丝的支持和良好的口碑。

（四）主题营销：赋予另外一种含义

主题营销是指通过有意识地发掘、利用或创造某种特定主题来实现企业经营目标的一种营销方式。它在原本单纯、枯燥的销售活动中注入一种思想和理念，使营销活动由死板的钱与物的交换变为情感的交流，让销售也具有了灵魂。将原本单纯的商品，赋予某种主题，可以更好地挖掘商品的卖点，使销售活动更人性化，从而激发顾客的购买欲望。

仔细分析“野兽派花店”的微博内容可以看出，它对自己产品的描述和介绍很多都属于主题营销范畴。例如，它曾发过一条主题营销类微博，其内容是有人想买 Fox 雨伞送朋友，纠结了很久：“送伞不是散的意思吗？”

野兽派花店的微博是这样解释的：在礼物的世界里，伞代表“保护你”，睡

① 百度百科：http://baike.haosou.com/doc/6238120－6451487.html.

衣代表“给你我的全部”，杯子代表“一辈子”，花代表“放我的名字在你心上”——请看野兽送礼宝典，爱送礼才会有礼收，你有无读懂它的意义？

在微博后面还附有一张图片，里面还介绍了戒指代表“永远属于我的”，口袋巾寓意“分手之后再相遇”等，这些产品在野兽派花店均能买到。此条微博刚发出就有近200条的转发量，并且有人在评论中@了自己的微博好友，表达了想从此店购买或收到礼物的愿望。[①]

针对顾客的消费心理，在产品上赋予符合自身营销的特殊意义，这样顾客在购买商品的过程中会得到精神享受和欲望满足，产生一种心理共鸣。将原本单纯的商品，赋予某种主题和附加意义，可以更好地挖掘商品的卖点，使销售活动更人性化，从而激发顾客的购买欲望。

四、小结

野兽派花店诞生于社会化营销的浪潮下，堪称是社会化营销的一个成功典范，它以互联网思维改造传统花卉行业，利用社交网络资源，借助微博、微信等社交媒体工具，形成了声势浩大的网络营销攻势。它仅用两年时间就实现了从微博接单到开网店，再到经营连锁实体店的华丽升级，已发展成为国内顶级花店的代表和引导潮流的风向标，率先在行业内走出了一条微营销之路。

野兽派花店在行业内脱颖而出，受到无数人追捧，不仅在于其花艺师有精湛的花艺技巧，更在于其独特的微营销策略。首先，巧妙利用故事营销方式，通过“故事订花”，将花卉、人和故事用艺术创意联结起来，在社交媒体上进行病毒式传播。其次，借助网络资源，吸引影视明星在社交媒体上为其“摇旗呐喊”。最后，通过情感营销和主题营销的策略，从消费者的情感需求出发，为产品赋予思想和灵魂，搭建与消费者情感交流的桥梁，为品牌赢得良好口碑，增加用户黏性。

野兽派花店的成功也让许多人看到了企业微营销以及高端花艺市场的潜力，紧随其后，越来越多的传统花店也开始借鉴野兽派花店的营销方式，借助微营销

---

① 杨柳青．试析定制花店的新媒体营销策略——以野兽派花店为例［J］．新媒体与社会，2014（9）：223－235.

这一社会化营销手段进行营销，力争在激烈的市场竞争中占据一席之地。

案例讨论

1. 结合案例，分析野兽派花店的目标市场定位是什么？花店是如何根据这一市场定位确定其营销策略的？

2. 野兽派花店提供给目标顾客的核心价值是什么？

3. 思考野兽派花店的微营销成功经验，你认为哪些行业或者哪类产品适合采用类似于花店的微营销策略？为什么？

第八章

世界邦旅行网

——开创新旅行时代

近年来，旅行者消费观念的转变和多国放宽签证要求的政策等因素催热了中国出境游，2014 年，出境旅游规模达到 1.14 亿人次，相比 2013 年增长 16%，其中自由行达到 70%[①]。但出境自助旅行要求游人对目的地景点、语言和文化有一定程度的研究和了解，这是国人出境自由行的最大障碍。由此，自 2004 年起各类自助出境游网站应运而生。

① 戴斌，李世宏．中国出境旅游发展年度报告（2014）［R］．北京：旅游教育出版社，2014.

一、世界邦旅行网简介

（一）“一站式出境自助游”电子商务平台

世界邦旅行网是由雅虎中国首任总经理张平合与鼎晖创投前运营副总裁赵新宇在 2012 年底创立。创始人的资历和背景就注定了这是一家“不差钱”的公司。2013 年，它不仅获得了雅虎创始人杨致远、鼎晖吴尚志等天使投资，还获得了由复星昆仲资本及 ChinaRock 风险投资基金注资的近千万美元的 A 轮融资。2015 年年初，世界邦又以几千万美元的融资额完成 B 轮融资。

世界邦旅行网是一家“一站式出境自助游”电子商务平台，在为客户定制个性化行程的同时，还能够一次性全部代购旅游者出境所需服务和产品，如签证、机票、保险、租车、酒店、门票等，是国内首家专门从事自助游全套服务的网站公司，其产品覆盖美国、英国、法国、德国、意大利、瑞士、澳大利亚和新西兰等国家，以自驾、深度、亲子旅行为主。它尝试通过一种类似旅游自助超市的方式对传统的旅游产业线上运作模式进行纵深化整合。其目标客户主要有两类群体，一是有过出境跟团游经验，游览过常规景点，开始渴望自由行，却有语言、文化等障碍的人群，这类人往往年纪偏大；二是语言能力强且能够很快适应新环境的年轻人，但由于他们往往是家庭和公司的中坚力量，通常没有足够的闲暇时间和精力为自由行做详细攻略或是提前预订酒店等。

（二）定位 DGC，缔造在线旅游新模式

当前国内在线旅游市场年增长率已经超过 60%。随着中产阶层收入的提高，旅行消费需求层次的提升，旅游市场目标群体的定位将呈现进一步的细分化、精准化。前有携程、艺龙这样的旅游预订网站，后有蚂蜂窝、穷游这样的用户生成内容（User Generated Content，UGC）型旅游社区，而世界邦旅行网将自己定位于达人生成内容（Daren Generated Content，DGC）模式，其内容来自熟悉目的地的达人，而不是曾到目的地一游的旅客。

世界邦称自己的商业模式为“P2P众包模式”，即由来自目的地的旅行达人为客户提供定制方案，打包成产品销售给旅游用户。在世界邦旅行网官网或是官方APP“行程大师”中，客户选择旅游目的地后可以看到达人们已经打造好的旅游线路，这些都是根据大数据或达人自己的经验制定的最地道的线路和玩法。客户可以选择自己比较满意的方案联系达人进行微调，或是提出自己各种需求提交给网站，网站会在48小时内制定初步方案反馈客户，还可以在“达人广场”页面浏览达人信息，找到与自己气场相投的达人为自己量身定制旅游线路。确定行程后，客户可以直接支付调整后的“包价”，也可以到“商城”页面挑选旅途中所需产品和服务（如住宿、包车、门票等），其平台上汇聚数百家境内外商家提供旅行商品和服务，世界邦只提供交易平台和第三方交易担保，并不直接售卖产品。起程后，“行程大师”实时解答旅途中遇到的各种问题，包括行程线路说明、智能导航、语音导览、随身锦囊、行程提醒等服务，还有无须流量的APP“离线地图”，享受精确到米的导游服务。旅途结束后，客户对达人作出评价，达人用获得的积分奖励免费兑换旅游商品，然后怀着更大的热情与下一位客户分享自己的旅游经验。

在世界邦旅行网的运作模式中，这些旅行达人是真正的亮点和核心。他们不仅承担着回答旅行者提问、活跃社区氛围的职责，同时也需要凭借自身的专业知识帮助用户计划行程，他们的专业性和可信度对世界邦的品牌和服务有着至关重要的影响。所以，这些达人必须满足两项特质，一是乐于助人，愿意付出时间和精力将自己所知分享给客户；二是具有丰富的旅游经验、技能和知识。因此，世界邦在审核和测试达人资质方面有一套严格的评估机制。

现在世界邦在全球已有达人两千名，其中绝大多数都是目前正在国外生活的热爱旅行的人，能够为客户提供最新信息。他们通过自己多年在国外生活和旅行的经验为用户提供行程规划的帮助，自己在获得用户认可的同时获得积分。

二、世界邦的“新”媒体营销

“互联网+”使各个企业都青睐于利用新媒体平台使营销更加快速而精准，大多企业忙于建立自媒体。而在自媒体平台早已泛滥的今天，对世界邦来说，致

力于与传统平台联手碰撞出新火花或是创造独一无二新平台，才是真正的“新”媒体营销。

（一）强强联合，分享经济

“分享让信息变得更有价值。”世界邦旅行网 CEO 张平合和新浪微博 CEO 王高飞这样一拍即合。所谓分享经济，是指人们将闲置的金钱物品、多余的时间、拥有的技能等与其他人分享，让更多的人使用，从而获得经济效益的模式。分享经济的本质是去中心化，每个人都可以成为一个分享中心。与传统的“占有经济”相比，分享经济更节约、更有效率，也促使人与人之间的关系更和谐，因此得到了多行业创业者和转型者的青睐。① 微博是一个交互营销平台，在分享经济领域有着独特的优势，是许多企业病毒式传播的首选合作平台。而世界邦旅行网不止步于传统的分享广告，更要进一步分享服务。

2015 年 8 月，世界邦旅行网与新浪微博联合发布“世界微博，自由旅行”战略。根据合作规划，世界邦“大数据 + 达人众包个性定制”的旅行经济模式与微博的海量旅行达人用户资源相关联。世界邦的商业模式中最大的壁垒在于需要足够多的旅行达人提供足够多的定制化行程。而微博有数以万计的旅游达人，世界邦可以通过合作获得海量达人资源和营销平台，加强品牌推广，还能够获得微博掌握的大量数据。目前，微博旅游自媒体作者已超过 2 万人，其中阅读量超过 100 万的活跃旅游自媒体超过 300 人。不仅国内旅游达人活跃度显著提升，不少海外目的地的华人也通过微博生成游记和旅游攻略。同时，世界邦将发挥优势，系统支持微博的旅游信息分享，为微博用户量身定制海外自由行方案，以专业的解决方案化解用户在海外旅行中遇到的各种问题。

在与新浪微博达成战略合作后，“通栏图”、“好友推荐”、“表情图标”、“话题”……世界邦旅行网账号和它的热气球 LOGO 渗透微博各个角落。世界邦官方账号发起的“带着颜值去旅行”话题尤其惹人夺目，出境游 + 明星级旅行写真的大奖吸引了近七万名微博用户的参与。在获得推广的同时，世界邦也在其中寻找自己急需的旅行达人。

---

① 郑永彪，王丹．基于移动互联网背景的分享型经济发展探析［J］．经济管理研究，2015（2）：3－7.

（二）书＋咖啡＋自由旅行，三位一体咖啡馆

“要么旅行，要么读书，身体和灵魂必须有一个在路上。”一夜之间成为城市白领的生活哲学。而世界邦旅行网却偏要满足人们的贪婪。2015 年 4 月 21 日，全球首家以“书＋咖啡＋自由旅行”三位一体的旅行主题咖啡馆——世界邦 Petite 旅行咖啡入驻台北诚品书店信义旗舰店。世界邦 Petite 旅行咖啡是由世界邦旅行网、台湾著名品牌精品咖啡 Petite 以及台湾文创标杆诚品书店共同打造的旅游跨界咖啡馆和复合型文化空间，意在为旅行者搭建一个线下互动空间，服务世界各地的自由旅行者。这家咖啡馆的意义早已超出了本身，它是旅途中的微驿站，也是酷爱旅行的世界邦 CEO 张平合另一个梦想的落地。世界邦 Petite 旅行咖啡是全球唯一一家以旅行为主题的咖啡馆，店内所有装饰与布置都跟旅行有关。充满旅行原动力的飞船热气球在头顶飞行，顾客可以体验在热气球上喝咖啡的感受，唤醒启程的冲动。在文创气息浓郁的诚品书店里依然十分醒目，脱颖而出。在开业前期到店拍照上传就可以获得免费咖啡一杯，同时还提供精选咖啡挂耳包买赠活动。

在世界邦 Petite 旅行咖啡馆，旅途中略感疲倦的人们可以坐下来喝杯纯正的咖啡，品尝纯天然手工轻食，读一本心仪的旅行书籍，和身边的陌生人聊聊明天的旅程或是书中的故事，而且店内咖啡师和服务员就是世界邦为用户精心挑选的旅行达人，在途中继续为游人提供专业旅行咨询服务。读书是一场灵魂的旅行，而旅行，则是一次对世界的阅读。①

与越来越多的将书架搬进店里的主题咖啡馆不同，世界邦 Petite 旅行咖啡不只是一家售卖情怀的咖啡馆，它还是世界邦旅行网在移动互联网时代新市场环境下的服务延伸与用户体验，是为自由旅行用户搭建的一个线下互动空间与平台。在线上为用户提供“一站式自助出境游”产品，线下实体店提供优质服务的同时聚拢线下旅行人群。线上线下互为入口，线上人群通过世界邦 Petite 旅行咖啡向线下转移聚拢，线下人群在咖啡馆认识自由旅行了解世界邦的品牌和产品，尝试体验世界邦旅行网提供产品和服务成为用户，完成 O2O 的闭环。

“一家远在台北的咖啡馆不足以搅动整个行业，我们现在还在继续寻找合适的

---

① 有一种无可救药，叫大叔的执念［EB/OL］. 世界邦旅行网的博客，2015－06－18. http://blog. sina. com. cn/s/blog_ b6f2f6cd0102vwmn. html.

店址和合作伙伴，希望未来能够在全世界主要城市开到100家、1000家甚至更多世界邦旅行咖啡，让自由旅行者无论走到世界的任何地方，都能够找到自己的同类和精神皈依，都有一处驻足之所。”① 张平合对世界邦旅行咖啡的远景充满期待。

三、世界邦“新”媒体营销的效果

世界邦旅行网自2012年底成立起，进入人们视野的通常是在专业旅游资讯网站上才会看到的关于其豪华的投资阵容、业界大咖的加入，以及不断完善的产品和服务的相关报道，它在媒体上的低调与成立之时“开启国人自由旅行新时代”的野心似乎格格不入。

直到2015年，世界邦才开始与其他企业合作，线上线下同步推广。然而所有的付出都是有回报的，经过前两年对产品服务的沉淀和推敲，宣传推广的效果得到了保障。在“带着颜值去旅行”活动期间，3亿人次的阅读量和近7万人次的用户讨论使该话题持续霸占微博热门话题的位置。目前，世界邦汇聚了数百万注册用户，2000余达人，上千户商家，更为洪晃、黄义达、谭维维、羽泉、秦岚、伊能静等明星提供旅行定制服务，得到了广泛好评与信赖。在世界邦成立初，仅北京就贡献了世界邦60%的订单量，而现在北上广深占比近50%，其中北京的比例已经下降至20%左右，这意味着世界邦平民化旅行定制模式正在向二三线城市逐步渗透。正如平日所言，资源总是流向资源更多的人。世界邦旅行网还吸引了中国工商银行、上海大众汽车等数家企业前来合作。旅行主题咖啡馆的铺设之路也正像最初预想的那样慢慢展开，第二家不久后就要落户北京。

这样一步一个脚印的发展恰恰是CEO张平合所希望看到的，他希望自己创立的世界邦能和“无印良品”一样始终保持低调，不去炒作、不卖爆款，而是依靠时间的沉淀、产品的优质和服务中对于每个细节的把控，去吸引用户、打动用户，最终成为定制旅游行业里的“无印良品”。稳健、苛求品质是张平合的性格，也是世界邦的基因。

① 世界邦：记第一家旅游跨界咖啡的诞生［EB/OL］. 世界邦旅行网的博客，2015－05－19. http：//fashion. sina. com. cn/l/ts/2015－05－19/1900/doc－iccxmvup1971446. shtml.

四、案例焦点分析

有人认为，对于雅虎中国首任总经理张平合和鼎晖创投前任运营副总裁赵新宇这样的重量级团队组合，世界邦旅行网现在的业绩不足为奇。但资本从来只能做助推，而不是核心。与一些年轻企业不同，世界邦在营销之路上没有噱头、没有爆料，向大家展现出的是市场上少有的冷静和理智。

首先，产品为重，营销在后。世界邦在成立最初的两年里专注于对产品和服务的完善，从而使用户获得更好的体验。当对自己的产品、服务有足够的信心时，才通过微博、电影植入、与德国旅游局推出“激情德国啤酒节”主题月活动等各个平台进行宣传推广。也许这就是世界邦旅行网在各大论坛出现频率不高但几乎没有差评的根本原因。倘若一味追求营销效率，却因为产品漏洞百出遭吐槽，反而得不偿失。

其次，善于分享，追求共赢。“分享”的理念贯穿了世界邦旅行网的整个商业模式。达人与用户分享自己的经验与知识，从而获得积分免费兑换商城产品，使自己的旅行经历留下的不仅仅是上百张照片和行前精心搜集的若干攻略。就企业而言，世界邦与其他企业的合作同样如此。在微博日益沉寂之时，世界邦举办活动为一些微博用户定制海外自由行方案，提供专业咨询服务，而世界邦也从合作中获得大量旅行达人资源和潜在用户。通常只有互惠的合作才能让双方心甘情愿地投入时间和精力。

最后，跨界谨慎，气质相投是基础。选择与哪个企业合作展现出的不仅是对合作企业的判断，也是对自己本身定位的一种清晰认知。世界邦与 Petite Café 和诚品书店的跨界合作是世界邦 CEO 张平合、Petite Café 创始人简博奕、诚品副董事长吴旻洁的缘分，更是世界邦、Petite Café 、诚品书店的气质相互吸引的结果。世界邦是两位中年精英追逐梦想的产物，Petite Café 同样如此，而“城市人的集体创作”的诚品一直以来堪称实体书店中销售情怀的典范。三家“三观一致”的企业经过融合后形成的旅行咖啡馆无须刻意添加内容，因为它所代表的价值观就是内容本身。

世界邦旅行网成立三年进入了稳步发展的阶段，作为国内首家出境自助游的

一站式服务平台，它面临的问题和挑战变得更多、更迫切。虽然世界邦有80%的旅行达人是正在国外学习或生活的华人，他们更容易获取当地的实时信息，但作为非职业的旅行工作者，达人们是否有充分的时间，或者说世界邦是否有足够强大的机制鼓励这些达人提供最实时的动态信息来保证旅行计划精准性。随着入驻商户逐步增多，如何对众多商户提供的产品进行审核、选择、展示和排序，并优化搜索和预订体验……现在，世界邦旅行网在出境自助游市场的竞争优势已有初步体现，但这同样意味着它要肩负着克服万难推动这个市场继续发展的重任。

案例讨论

1. 根据案例，分析世界邦旅行网的核心竞争力是什么。

2. 结合世界邦旅行网的案例，并请查阅携程网、艺龙网、驴妈妈、蚂蜂窝等公司相关资料，分析它们目标市场定位有何不同，它们商业模式有何异同之处。这些公司在使用微营销时，其策略应该有什么不同？为什么？

第九章

快书包

——失败者的微博营销成功之路

据工业和信息化部发布的数据显示，截至2015年8月底，我国移动互联网用户达到9.46亿户，手机上网总数超过9亿户①。随着移动互联网的快速发展，微博成为移动终端的新宠，根据中国互联网信息中心（CNNIC）2015年2月3日发布的《第35次中国互联网发展统计报告》显示，截止到2014年12月，我国微博客用户规模为2.49亿户，网民使用率为38.4%，其中手机微博客用户数为1.71亿户②。随着微博个人用户的增加，企业微博也开始迅速发展起来，越来越多的企业开通了官方微博账号。据新浪微博2012年发布的《企业

① 工信部．中国移动互联网用户规模近9亿［EB/OL］．中国新闻网，http：//finance. chinanews. com/it/2015/04－17/7215373. shtml.

② 中国互联网络信息中心．第35次中国互联网络发展状况统计报告［EB/OL］．驱动之家，http：//news. mydrivers. com/1/381/381898. htm.

微博白皮书》显示，截至2012年2月底，共有130565家企业开通新浪微博[①]。而据《2014年中国企业新媒体白皮书》数据显示，中国500强企业和112家中央企业中，共有189家开通了微信，211家开通了微博[②]。微博营销业已成为企业营销的重要方式之一。微博营销以其低成本、即时性、交互性以及灵活性等特点逐渐为企业所认可。据《第35次中国互联网发展统计报告》数据显示，在利用互联网开展过营销活动的受访企业中，利用微博进行营销推广的企业占到26.9%[③]。

在电子商务领域竞争日益激烈的市场环境中，快书包公司便是凭借微博这一社会化营销平台，利用微博进行成功营销的一个经典案例。

① 2012年新浪企业微博白皮书［EB/OL］. 新浪网，http：//luoyang. jiaju. sina. com. cn/news/2012-03-23/121509252_ 5. shtml.

② 网易新闻.《2014年中国企业新媒体白皮书》发布［EB/OL］. 网易新闻网，http：//news. 163. com/14/1220/17/ADU4CG8G00014JB5. html.

③ 中国互联网络信息中心. 第35次中国互联网络发展状况统计报告［EB/OL］. 驱动之家，http：//news. mydrivers. com/1/381/381898. htm.

一、快书包公司的成败之路

（一）以差异化服务起家

快书包公司于2010年6月9日正式上线。公司创始人徐智明，在大学期间就有“卖书”的经历，1999年创建新浪龙之媒网上书店并任总经理，对“书”有着一种特殊的偏好。此前曾有媒体人的经历，徐智明的创业优先选择图书电子商务领域也就不难理解。但经过多年的发展，图书电子商务的竞争越来越激烈，且已经形成当当网、卓越亚马逊、京东商城三分天下的格局，2014年三家公司的市场份额总共占到了80%以上①。这在客观上决定了要想在竞争激烈的图书电商零售领域分一杯羹并非易事。

基于此，快书包公司成立之初确定了两大战略：一是目标集聚，产品品类以图书为主，并且只聚焦于受大众欢迎的少量品种的畅销图书。因为当时在徐智明看来，书是标准化的产品，可以很好地进行比价。二是实施差异化服务模式，推出“一小时到货”服务。公司采用“外卖快送”的电子商业模式，以麦当劳的外卖交付模式为蓝本，在客户下单后，承诺一小时内将货送达，以给客户带来极大的便捷性和极致体验。公司战略可以概括为“有限品种，有限空间，有限时间”②。

快书包上线后，因为一小时的概念，很快吸引了很多媒体的关注和报道。依靠这种差异化战略，再加之对微博平台的有效运用，快书包的业务迅速拓展到上海、西安、成都、长沙、杭州、深圳等多个城市，后来商品品类除了书籍，也扩展到500多种商品。

（二）经营模式的困境

快书包最初确定的经营战略看起来很有特色，但在现实经营中却均存在重大

① 张攀.2014图书网售市场：当当、京东、亚马逊三分天下的喜与忧［N］.中国出版传媒商报，2014-12-30.

② 周金娟.快书包的微博运营策略分析［D］.陕西：西北农林科技大学，2014.

缺陷。

1. 经营专注于图书的困境

在创立快书包之前，徐智明认为，图书是极其标准化的定价商品。消费者能提前了解书的大体内容，并且能够直观看到折扣力度。同时，图书销售是赊销，结款周期比较长，这对于初期资金并不充裕的快书包很重要。而中国电子商务的最早一批顾客几乎都是买书人群。例如，在《乔布斯传》上市的三天内，快书包销售了两万多本。这是一个令人欣喜的成绩。但实际上并没有那么多超级畅销书来维持这种高销量。另外，正如当当网 CEO 李国庆曾公开表示的，中国的图书市场规模只有 300 亿元，并且经营太难，这个行业的特点是 80 万品种、低价格、低毛利率。后来快书包衍生出了“爱抢货”项目，开始定位于进口食品和进口日用品，但时间节点无疑已经错过。

2. “一小时到货”的困境

“一小时到货”的服务模式说来容易，但在实施过程中却困难重重。

第一，购买图书的人对于送达时间并没有那么敏感，一小时送达服务也不是这部分人群的强需求。

第二，为了实现“一小时到货”，快书包决定用自己备货、自建仓储的方式提供物流配送，在单位面积中设立一个配送站提供物流服务。但对快书包来说，单位面积区域的用户密度显然无法支撑仓储服务所带来的成本，而区域外的用户又无法进行下单，具有很强的区域局限性。快书包的人力成本要占到整个运营费用的 70% ~80%。这对于创业公司有些过重了，尤其是资金并不充裕的创业公司。徐智明在 2012 年接受新浪科技采访时提到，其送货速度越快成本越低，按测试配送人员每天配送 12 ~14 单是没问题的。不过快书包的发展速度始终没有让配送人员的工作达到饱和状态，但给物流配送员工的固定工资却一分也不能少。徐智明后来坦承，公司成立五年来，每年在人力成本上贴补 300 万元，五年一共赔掉 1500 万元。

第三，受时代背景的局限。徐智明后来说，快书包的经营模式服务对客户是有价值的，也是一个传播点，但实现方式有时代局限性。就最近一两年电商的配送方式来看，短时的配送需求正在越来越旺盛，京东商城、苏宁易购、亚马逊等都在推快速送达服务。但一小时送达的模式在快书包上线的 2010 年实现起来太难了。因为 2010 年中国的智能手机还没有普及，快书包的整个思路和运营方式都是基于 PC，还做不到通过手机准确定位顾客所在地理位置，从而解决人力高效率配置的问题。徐智明在回忆中提到，他尝试过用短信通知配送员，但执行效果很差，于是选择放弃。起初他将北京划为 30 多个片区，每个配送员负责一个片区，货物存放在配送员家里。但由于这种模式对人员稳定性要求过高，后改为集中仓储，这增加了仓储成本。

3. 收费模式与资金链

2010 年，国内电商竞争残酷，京东、当当网等均不收取运费，快书包只能跟上。在快书包发展初期，客单价并不高，如果收取运费将会流失掉大批对价格敏感的客户。但在后续的发展过程中，虽然快书包的客单价得到提高，但仍没有选择收取费用。没有运费收入以及毛利润和客单量上不去都是导致快书包资金不充裕的原因。

在快书包创业的几年内，资金运转始终不是很顺利。在 2012 年 3 月融资之前，徐智明自己投了 100 万元，同学投资了 200 万元天使资金。2011 年 4 月，快书包曾与某投资机构签 300 万美元的投资意向书，不过在当年 7 月该投资机构毁约。由于快书包已经拒绝了其他投资方，因此，在随后的时间没能很快得到其他投资。2011 年 7 月，公司初始投资 300 万元花光后，徐智明开始借钱发工资，甚至贷款，一直坚持到微博的投资到账。而这 900 万元也没能帮助快书包的“呼吸机”延续更久。数据显示，快书包 2012 年销售为 300 多万元，2013 年销售额达到 1000 万元，快书包两三倍的发展“比较落后于电商的发展速度，投资商希望 10 倍、20 倍尽快发展”。

2014 年 6 月，快书包完成了最后一轮融资，来自常州龙城英才投资公司的 800 万元投资。3 个月后，徐智明在微博上宣布“一小时配送”服务停止，随后快书包业务转型为采用常规配送方式的精选生活店，并上线了进口食品及进口日常用品的限时特卖网站——爱抢货。

此时，总计融来的 2000 万元已经花掉了 1400 万元，和那些动辄上亿美元融资的同行们相比，快书包的资金量显得寒酸。徐智明在微博上坦承，“快书包自采货物、自建仓储、自建物流、一小时到货的模式，可能是个错误的方向。一小时到货却有需求，如阴雨天的雨伞、晚餐前的茅台等急需品，但是集中这些需求，支撑整个网站快速增长，确实很困难。我们努力挖掘更多具有这种特征的商品，但四年来，找到的还是不够多。”资金的匮乏让快书包没能在移动互联网大潮兴起时，及时进军移动领域，却逐渐陷入困境。

（三）快书包的创业经历

2010 年 6 月 9 日，快书包公司于正式上线。

2011 年，快书包尝试在迅速兴起的微博上做营销，省下一大笔营销费用。这一年快书包开始投入资金自建技术团队。

2012 年 3 月，快书包拿到 900 万元融资，开始扩充便利店的产品品类。由于做便利店商品的客单价与毛利润都比较低，快书包开始做进口食品，客单价与毛利都得到大幅提升。这年的数据显示，快书包员工数量有 80 人，配送队伍 60 人。在整个成本中人力成本占到 70% ~80%，仓储成本占 10% 左右。

2013 年，快书包销售额达到 1000 万元，但没有找到一个迅速提高客单量的有效办法，这也是徐智明认为最致命的问题。这一年快书包上线了自主研发的 PC 与移动端系统。

2014 年 9 月，快书包的资金链断裂，先是宣布“一小时配送”服务停止，后来大幅度裁员，配送团队被全部裁掉。

2015 年 1 月，徐智明在微博上发布消息，决定卖掉快书包。

二、快书包的微博营销策略

快书包公司虽然创业失败，但是其在微博营销策略的运用上却不乏可圈可点之处，仍不啻为企业微博营销的成功范例，其实践经验值得中小企业借鉴。

快书包最初重视微博营销是因为想找一个不花钱的推广方式。公司从微博入手，将公司内外工作全部搬到微博这一平台上，全力将其打造成集宣传平台、销售平台、客服平台、交流平台、公关平台乃至企业运营平台为一体的综合性网络平台，获得了大量网上用户群体的支持，取得了非常好的传播效果。据公司 2013 年的统计，快书包官方网站超过 40% 的流量由微博上来，且来自微博的私信订

单每天有300单，占总订单的3%～5%①。

快书包企业微博是微博平台的专业版本，其设计理念是帮助企业在微博中更方便、快捷地与目标用户互动沟通，提升营销效果。企业版除了提供个人版本的所有通用服务外，还提供了更丰富的适用于展示产品和企业形象的页面结构和特殊功能。管理后台具有舆情监控、基础数据、营销分析和粉丝分析等数据监测的功能，给企业提供数据分析系统。针对电子商务网站开发的微热卖标签页，顾客可以直接在微博上浏览商品，并且跳转到电子商务网站进行订购。

企业官方微博运营的三种模式：第一种是互动模式；第二种是媒体模式；第三种是企业家模式。快书包采取的是互动模式结合企业家模式。微博营销的精髓在于"关系、联动、分享"②，快书包将这三点有效融入到了其官方微博运营的两种模式中，使微博营销发挥出了巨大威力。

（一）微博宣传平台

企业官方微博主要是通过微博平台与消费者建立联系，从而让消费者了解其产品、定位，通过微博展现自己的品牌形象，最终为企业创造价值。因此，企业在经营官方微博时始终要明晰所展示的内容风格，因为顾客对企业最直接的接触就是企业在微博上发布的内容，微博的内容和风格是企业定位的体现，因此，微博的语言、内容、风格等各方面都应符合品牌自身的特点。与此同时，微博团队的运营水平是不容忽视的，企业微博所呈现的质量效果是直接由微博团队的运营水平所决定的。因此，展示在微博上的140个字是企业微博营销的重中之重。如果说企业微博是将粉丝转化为顾客的重要渠道，那么企业微博的内容建设是吸引粉丝、留住粉丝与粉丝建立长久关系的最佳途径。

快书包官方微博的主要内容分为四大类：分享类、促销活动、互动传播活动、新上架，每日原创微博数量在25条左右，其中基础微博在10条左右且格式固定。根据快书包公司就2000条微博所做的数据统计可以看出，分享类的发布内容占71%，是发布最多的类别；促销活动占17%，比例不高；互动传播活动数量在10%。

① 周金娟．快书包的微博运营策略分析［D］．陕西：西北农林科技大学，2014.

② 刘海明．微博营销精髓——关系、联动与分享［J］．中国民用航空，2013（5）：31.

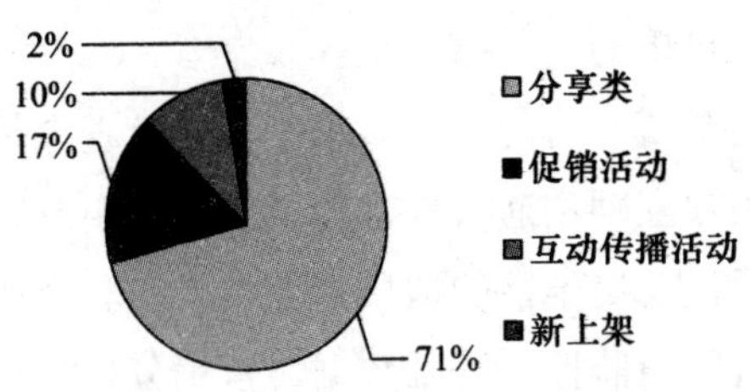

图 9-1 “@快书包”微博内容统计图

1. 分享类微博

书籍本身就属于知识分享的载体，快书包很好地利用了这一优势，在微博里面分享书籍内容，向大众传播知识，粉丝们很难把它看作广告，而会把它看成是分享。在“快书包”发布的微博内容中，不仅有新书的内容介绍与到货情况，更是设置了各类有趣的“生活小贴士”，如“下午茶时间”，用俏皮的语言建议粉丝们“快来聊聊吧”、“每日养身提醒”则通过简单的语句和精美的图片告诉粉丝一些养生常识等。快书包微博的内容建设归纳为三条，即“有用、有趣、有条理”。徐明智曾这样总结，“第一，微博页面的图片要精美吸引眼球、标题话题设计要吸引人关注、正文展开说明、结尾号召行动并且吸引人参与讨论；第二，要用写广告文案的方式撰写营销式的微博，它要有标题有正文，也要有呼吁顾客采取行动的号召，这是广告文案写作非常基本的脉络，任何一条微博，不管是你个人写的，还是企业写的，你都希望这条微博能够打动别人，让别人产生触动，这其实是过去广告所要完成的最基本的信息传达过程”①。快书包不用塑料袋和纸箱，用的是蓝印花布，这无形中就为微博创造了内容，成为一个热门微博话题。在统计的微博话题中，排第一的是一小时送货，第二是蓝印花布，第三是就是快大叔（指徐智明）。除此之外，快书包企业发布微博的内容自成一派，长期保持在文案表达、内容倾向等方面风格的一致性。即赋予微博鲜明的个性，风格即人，给粉丝留下系统和直观的整体感受。

2. 促销类活动

快书包官方微博的促销类活动不会像传统的促销活动一样进行信息轰炸，而

① 徐智明．快书包——微博主战场［J］．商界评论，2012（6）：54.

是会与粉丝发生频繁的互动，内容也多以分享类的形式展出来，还会有真正的优惠及免费体验活动，粉丝能从中获得有用的信息和利益，语言或是精美的图片，当粉丝转发时也不会觉得很刻意。只要在此过程中粉丝提到了快书包，快书包官微都会在最快的时间内作出反应，优化客户体验。

3. 互动传播类活动

快书包企业官方微博的活动，信息主要以转发、评论并@好友的方式，形式常规、简单。每次活动结束时会公布此次活动的奖励者。这种类型的活动不仅成本低，而且能减少快书包因过度推广而引起的粉丝反感，因活动涉及粉丝的利益，转发、评论并@好友就能获得奖品极大地调动了粉丝的积极性，同时达到很好的传播效果。

我们从快书包微博内容营销可以总结出以下几点：第一，微博活动的内容发布均围绕官方网站的主题开展，风格很明确；第二，所有不同类别的微博发布都有其固定的模板和格式，以此不断强化企业微博在粉丝心中的形象；第三，发布的微博内容都经过精心收集和布局，以精湛的图文形式呈现，并妥善添加标签排序；第四，微博发布的大部分内容很少直接推销产品，都是以实用性的信息呈现给粉丝；第五，微博发布的产品促销信息基本带有奖励性和优惠性，甚至有一些免费产品体验活动，减少了粉丝的抵触心理。

（二）微博销售平台

快书包官方微博作为销售平台，直接进行产品的销售。随着用户习惯的养成，微博平台逐渐实现了从宣传功能到个人消费功能的丰富和转化，快书包将自己的官方微博当作企业的柜台，直接进行网络销售。快书包官方微博在上线第四个月创新性加进私信下订单功能，避免了热线电话占线等待和用户网络注册的时间。

“快书包”在微博运营和客户管理时主要强调开放私信功能。快书包很懂得利用微博私信下单的业务功能。随时随地地发布、浏览微博，使大量碎片化的时间被利用，信息传播速度大大加快，顾客使用私信下单速度变得快捷，从而在客户管理上要求就很高。任何用户无论是买什么总是希望能快一点收到商品。快书包规定客服人员必须在顾客私信下单 1 分钟之内响应。通过微博开通私信下单的服务，快书包抓住了粉丝即时消费的特点，简化了购书流程，实现了快书包对

“快”的诉求，易于被粉丝接受和推广①。

（三）微博客服平台

作为客服窗口，微客服目的是实现与消费者的实时联系，提升客户体验。快书包在上线第三个月的时候加入了客服功能，利用微博平台提供客户服务，进行实时营销。这样不仅可以提高用户满意度，还可以有效降低服务成本。例如，2012年6月23日，北京倾盆大雨，“@快书包”立即将因为天气原因一些地区不能及时送达的微博信息推送给了所有关注它的粉丝们。通过新浪微博，快书包很好地把当前遇到的问题和困难告知给他们的用户，这样用户不需要等待送货而耽误了时间，也不会对快书包的一小时送达产生疑问而降低满意度。

在微博上，企业对于任何一个负面消息，对于任何一个投诉的处理过程都是完全公之于众的，让顾客和潜在顾客在看着这件事情。如何有效、及时地处理顾客的投诉，就变得非常关键。快书包会查看每一条提到快书包的微博，不会因其粉丝多少而有区别。快书包一个要求叫“5分钟回复”，所有提到“快书包”的消息，只要被快书包微博管理员发现了，不管是@还是不@，一定要在5分钟之内回复，晚上和周末在一个小时内回复。无论是采购的建议还是投诉的处理，不需要用电话和其他方式，而用微博直接在一个平台上解决掉。“在处理问题的时候，有道歉的态度是不够的，必须查明出现问题的真实原因，并把真实的原因展现给顾客，求得顾客的理解；我们一定要注重顾客传播的威力，所以如何引导消费者，让消费者说我们好，是在微博营销上需要注意的内容”②。

快书包提出要用超一般的服务来赢得传播的口碑。快书包规定的微博投诉管理要求：第一，有良好的态度。遇到顾客投诉，必须在第一时间回应。第二，了解事情的真正原因，不能光道歉，必须帮顾客解决实际问题。第三，不许回避问题。遇到麻烦不能逃避责任，更不能置之不理。第四，一次性解决问题。尽量让有足够话语权的客服主管直接与客户接洽。第五，私信投诉的顾客，用私信处理的原则。第六，公开投诉的顾客，用公开透明的处理原则。用评论回复顾客投诉问题，即使已经用私信或者电话沟通完毕，也要及时补发一次评论，让其他顾客

---

① 罗登．企业微博营销策略推荐案例——快书包［EB/OL］．微博营销学院，http：//www. weiboyx. com/download/201109271169. html［2012－12－11］．

② 徐智明．快书包——微博主战场［J］．商界评论，2012（6）：54－55.

看到对事件的处理结果。第七，不能强迫顾客删除投诉或不满的微博评论。因为你的这种要求，有时会激怒客户从而变成新的公关危机爆炸点。

微博营销真正的精髓是互动。快书包作为中小企业，由于客户群相对较小且集中，甚至可以做到和每一个粉丝对话，达到高度的精准化营销，在互动和对话中让用户真正体会到企业的重视，产生对企业品牌的认同感。

（四）微博交流平台

以前，企业主要是通过做市场调查以了解市场和消费者的信息，不仅周期长还耗费大量的人力资金等成本。如今，微博这一微窗口完全可以代替调查问卷承担起市场调研的工具。利用微博进行消费者调查，为企业提供了一个低成本、高效率的创新工具①。在微博平台上，利用朋友群组分类功能或者第三方的客户管理软件，可以根据地域、年龄、性别、行业、教育、兴趣爱好等方面将不同客户群体进行分类，可以将复杂的顾客群体进行清晰的梳理，同时与客户的购买商品、收货地址（比如客户的基本信息：姓名、出生年月、性别、婚姻状态、学历和地域、联络电话、地址、电子邮件、爱好等；交易历史资料：付款方式、购买产品名称、价格、交易时间、交易地点等）等消费记录进行全面的整合，形成数据库，进而形成面向客户的、主题的、稳定的、集成的不同时间的数据集合来支持管理决策过程。

图书销售相当特别，尤其对于畅销书来说，需要极强的预判力。如果等到书开卖才去统计采购，会错过最佳的销售周期。而微博给了“快书包”这样一个非常好的感知渠道。徐智明要求采购部门必须泡在微博上去了解大家在议论什么，譬如微博里炒得很火的中央电视台纪录片节目《舌尖上的中国》，就成为“快书包”锁定的采购对象。除此之外，他们很注重来自新浪微博的直接订单，一条微博发出去，看半小时之后来几个订单，再看看这条微博的评论情况，基本就能确定这条微博的效果，他们会对此进行分析并改进。

（五）微博公关平台

第一，对媒体关系的管理与维护。用官方微博和企业领导人个人微博发布新

---

① 周修亭、张宁. 浅谈微博时代的企业微营销［J］. 重庆科技学院学报，2012（3）：105－106.

闻点，通过转发和评论引起媒体记者的关注；通过私信约定采访，并即时用微博传播报道，引发二次传播。“快书包”的灵魂人物徐智明非常懂得通过媒介来营销自己，他亲自上阵“@快书包”，并接受多家媒体的专访，如杂志、电视台，他谈微博营销，也在被“微博”营销，不停地曝光，这等同于“快书包”的曝光，正面的、精彩的曝光。这在推广企业产品以及提升企业品牌价值方面起着非常重要的作用，也有利于聚拢人脉和人才，做整合营销推广，使企业的营销效果最大化。事实上，除了“快书包”微博的社会化营销传播起到的效果以外，徐智明的自我营销，在没有其他广告投入的情况下，对“快书包”的营销起到的作用功不可没。

第二，对危机公关的实时监测、预警与快速响应。微博的出现激活了现有的各类互联网应用，构建起一个以微博为关键节点的互联网“生态系统”，并形成相应的“生态循环”。在这个信息循环的过程中，一旦出现了危机相关的内容，通过“分享”功能，微博便能将散落在各个互联网平台上的负面信息或危机导火索引入其中，加以汇聚，并围绕这些危机源头，由意见领袖、机构、品牌和个人用户进行传播与互动，同时在原始信息上进行传播、讨论、“人肉”及内容扭曲，进一步形成新的观点、话题和内容，再经由视频网站、博客、论坛、传统媒体等各类平台，掀起新一轮的危机讨论浪潮和舆论压力①。徐智明认为，企业领导人的个人账号在危机公关处理中发挥的作用比官微更重要，不要让其他人代替自己运营个人微博。像任志强，潘石屹这些大佬，在写博客时代，他们的博客是自己口述，秘书打字整理。到了微博时代，他们都是自己在写②。

（六）微博企业运营平台

1. 招揽贤才

微博是个社交平台，信息的公开化程度较高，企业与求职者个人均可由微博查看对方动态，对知识结构、人脉结构、从业履历等背景、专业、品格等的可信度进行分析。拉近企业与求职者之间的距离，提升招聘的准确率和稳定性。对于

① 2012 年新浪企业微博白皮书［EB/OL］. 新浪网，http://luoyang.jiaju.sina.com.cn/news/2012-03-23/121509252_5.shtml.

② 徐智明. 快书包——微博主战场［J］. 商界评论，2012（6）：54.

求职者而言，企业官方微博的综合资讯，求职者可以从中间接去印证自己未来可能身处其中的工作学习和生活状态，从而增加对职业岗位的理解①。快书包认为微博是传递企业文化、吸纳优秀人才的有效途径。企业可以利用微博上人的言行举止、文明修养、价值观、关注话题及群体等综合性的细节信息，与企业内外部人才互动交流。

2. 监测价格和销售业务

公司利用员工在网上搜寻和对比商品价格，要耗费大量人力成本。快书包则采用了微博进行价格监测，推出了“微博比比价”活动，承诺全网同样产品价格最低，将产品定价的“主导权”交还消费者，“你只要发现快书包网站上产品的价格高于其他网站同类产品的定价，给@快书包发一条微博就能降价；如果在对比其他网店后，你发现快书包的价格更便宜，你转发举报我们，就给你奖励电子券”②。快书包微博也成为了公司运营状况的监测者。“快书包进行官方微博监测是最重要的措施之一，主要是看每一条微博所形成的实际点击率，这种监测主要是通过企业官方微博的后台实现的；我们在微博官方页面看到的只是每条微博的转发和评论数量，无法看到每条微博点击数量，而点击数才真正是企业进行销售业务的关键；如果一条微博形成了大量的转发，却没有点击率，也没有人去官网下订单买东西，那么这条微博没有成功”③。

3. 寻找供应商

快书包的微博实现了链条式互动，将作者、编辑、媒体、书店、读者链接在了一起，并积极利用微博平台寻找潜在供应商，例如“快书包”的一个重要的食品行业的供应商就是通过微博来建立合作的，快书包的服务提供商，如机房、印刷等也都是通过微博来寻找的。用这种方式不仅有效地降低了经营成本，提高了与供应商的合作效率，同时还提高了快书包的曝光率和品牌传播效果。

① 周金娟. 快书包的微博运营策略分析［D］. 陕西：西北农林科技大学，2014.

②③ 徐智明. 快书包——微博主战场［J］. 商界评论，2012（6）：54.

三、对中小企业微博营销的建议

（一）企业微博发博时机及内容选择

官方微博不同于个人微博，发布时间应有规律，切忌混乱随意发布，发布微博并不是越多越好，在某个时间段内发得过多也会令粉丝反感，定时发布微博是最好的，这样可以让粉丝形成一种等待阅读的习惯。微博的发布会因为不断的信息更新，新发的微博无论粉丝是否看到都会随着发博量和时间的流逝被推到最后面，被翻回来再看的概率很低。因此，为了重要的微博信息能被消费者及时地看到，除了被人转发以外，掌握合理的发博时间规律非常重要。

从企业主动运营方面来看①，一周之内（如图 9 - 2 所示），周一至周五是企业微博发博的集中期，平均每个工作日发出 17.5 万条微博，周二发博数量达到最高峰，当天日均发博数超过 18 万条。互动方面，与企业微博发博高峰值相对应，企业微博互动的高峰时间段依然是周二，日均互动量超过 283 万条（互动量是指企业微博被转发 + 被评论数量）。

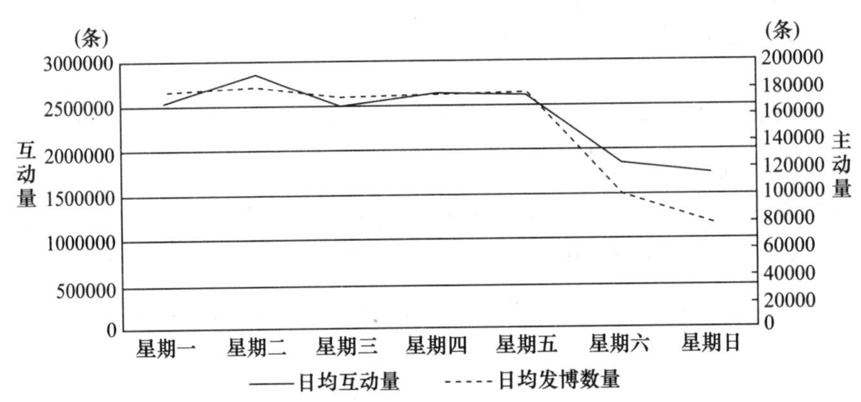

图 9 - 2　一周中企业微博主动行为 VS 互动行为

① 2012 年新浪企业微博白皮书［EB/OL］. 新浪网，http：//luoyang. jiaju. sina. com. cn/news/2012 - 03 - 23/121509252_ 5. shtml.

从24小时分布情况来看（如图9－3所示），每天的9～10点是企业发博的最高峰，月累计有超过50万条微博出炉。在互动方面，从24小时分布情况来看，企业微博的发博高峰只在9～10点，但企业微博的互动高峰值却达12个小时，从10点一直延续到晚上22点，月累计每小时达438万条。23～24点也是一个小高峰，月累计每小时互动280万条。从24小时态势的分析来看，企业微博互动高峰周期远高于企业微博主动发博高峰周期，企业微博可以在长达12小时的互动高峰值阶段，增加主动行为，以达到更好的互动效果。

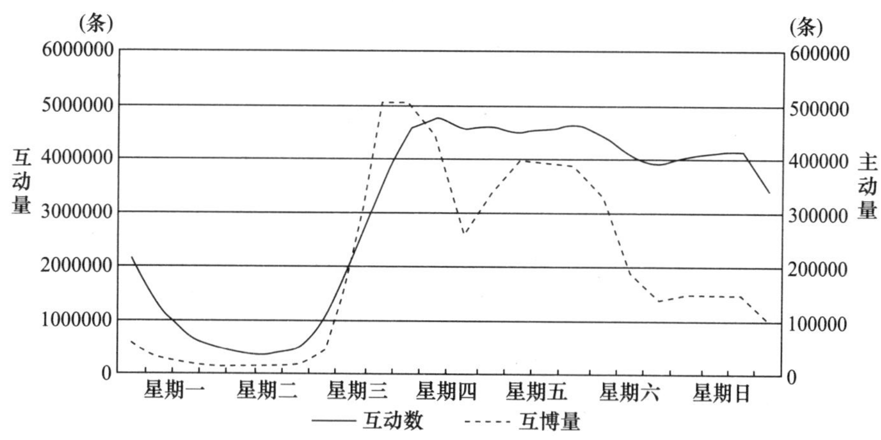

图9－3　24小时中企业微博主动行为VS互动行为

微博信息的采集和制作，根据内容规划中的话题制作内容和配图，企业相关的信息要原创，其他话题内容可摘自微博或网络，但与公司人群相关度要高。微博内容运营有三点：第一，有价值，针对目标客户群进行主题策划，内容要有价值，产品推荐与其他内容比例合理分配，不要引起粉丝反感。如快书包根据书籍的特点，摘引一些有营养的信息分享给粉丝们。第二，有创造力，微博内容的表达形式应多样化，简单的文案并不能持续吸引粉丝，要用心配置精美的图片或视频，将其与文字进行完美结合。第三，有趣味性，微博不同于传统的营销方式，其交互性决定了微博是一种有人情味的沟通工具，企业微博的日常信息术语应尽可能人性化，特别是与粉丝之间的交互，这样才不会过于生硬。

（二）积极互动，增强粉丝忠诚度

互动是微博营销的灵魂，互动的本质是打造了消费者的参与感和归属感。作为中小企业，相对于大企业除了抽奖、打折、降价等促销互动形式的活动以外，在互动上也可以有自己的独特优势，小型企业由于客户群体相对较小、较为窄众，可以选择与每一个粉丝互动，通过这种更直接、更亲切的互动沟通方式，顾客更容易认可你的企业和产品，因为顾客觉得自己受到了重视，收获了内心的满足感。

微博是一个自由开放的平台，客户的声音可以自由地从各个角落发出，当有顾客发出质疑、建议或者批评时，企业应该高度重视，第一时间给予解答，尽量满足客户的需求，可以借鉴快书包的微客服管理。同时，中小企业应该通过企业官方微博平台的反馈，不断完善自己的产品和服务，不断提升自己，在顾客心中树立良好的企业形象。

（三）规范微博团队行为

微时代，企业往往要求企业员工全员营销，这样无形中也加大了风险，微博的传播速度和影响力要求对运营人员的管理更加规范化。

1. 区分个人账号和官方账号

在发布内容时必须区分个人和官方账号，企业官方微博不应带有任何个人色彩，个人信息不可发布到官方账号，应当从企业角度出发，避免个人信息对企业形象造成的影响。

2. 发布内容时反复校对

在发布内容前必须反复校对，特别是对于数据、图片、链接、微博昵称等重要信息。

3. 发布经过确认和证实的信息

在内容的管理上要求运营人员发布的必须是经过确认和证实的信息，错误的信息会影响企业的诚信度。

4. 态度温和包容

在运行企业微博过程中，要注意态度温和，以朋友的身份与大家交谈，多发

布开放性话题，鼓励他人评论参与。

5. 提供带有企业特点的内容

为人们提供价值是让你所写的东西能被人阅读最好的办法。发布的内容应该帮助企业的粉丝、合作伙伴以及同事。当谈及本企业以及相关行业的情况时，尽量能提出自己独特的观点。

6. 勇敢承认错误

承认错误，坦率并快速地进行修正，承认远比逃避简单得多①。

快书包虽然是全员微博营销，但其制定了非常严格的规范，这点值得企业学习。

四、结束语

企业微博营销作为中小企业进行网络营销活动的重要工具，在行业中价值仍然未被充分挖掘出来，随着企业主对社会化营销认知的增强和投放理念的成熟，微博社会化平台的营销价值已开始受到各类广告主的关注，市场正在迎来一个强有力的发展机遇。由于每个企业自身的情况和面临的营销环境各不相同，同时又在不断地变化，微博营销作为新生的事物，也在不断地加入新元素，企业更需要在实践中不断地学习和总结，及时调整策略以适应变化才是微博营销获得成功的必要条件。而随着微博的商业价值日益递增，企业微博运营随着时间的发展也会逐渐成熟起来。

在微博用户越来越多的今天，在社会化媒体越来越普及的今天，快书包的微博营销对其他中小企业进行微博营销有很好的借鉴意义。但在未来发展过程中，随着新兴媒体形式的不断涌现，企业在形成自己特有的传播风格和形式上仍然要不断地探索实践。

---

① 周金娟．快书包的微博运营策略分析［D］．陕西：西北农林科技大学，2014.

案例讨论

1. 电商实施“实时送达”的物流服务应该具备什么样的条件？
2. 快书包公司今后的发展方向在哪里？它应该如何调整经营模式和战略？
3. 结合案例，探讨微博营销的本质是什么。

第十章

五格货栈

——玩转粉丝经济

第一个提出“首席粉丝官”概念，第一个将买了车厘子晒照片的美女称为“车模”，第一个用微信红包销售车厘子，第一个提出“坏一个赔一盒”的无限服务论，第一个研发车厘子游戏……这些引发业界纷纷效仿的“第一”，均出自南京“五格货栈”电子商务有限公司创始人潘定国之手。

南京五格货栈电子商务公司成立于2013年11月29日，是一家在微信上卖车厘子的电商公司，以“箱”为单位，规格为2斤，一箱车厘子售价179元。用户通过“五格货栈”的微信服务号即可下单购买，由顺丰在24小时内发出。在运送过程中，配备保温盒与密封袋来保证车厘子的新鲜。从2014年4月21日车厘子正式网上开卖，一年的时间内，年销售额800万元，粉丝几十万，五格货栈是如何做到呢？

一、以粉丝作为服务对象

潘定国认为，商业从以前的传统线下店面模式、以淘宝为代表的电商模式正在逐渐转入以人为核心的社群电商时代。社群电商是以熟人间的传播和推荐为主的商业形态，而几乎全民普及的微信就是社群电商最好的载体。传统时代下企业靠广告扩大知名度来提升产品销量，而互联网时代客户更相信熟人推荐和凭借数据来判断是否购买。只有以人为中心才能把产品做到极致。所以在五格货栈公司成立之初，潘定国就认定公司必须根据客户需求来研发产品，有了人群再定产品。首先要知道公司的客户是谁，然后再提供令客户满足和满意的产品，将客户发展成粉丝，并根据其反馈和建议来不断完善产品。因此，潘定国就确定以服务好粉丝为核心目标，用 50% 的精力研究粉丝的需求，用 35% 的精力研究怎样为粉丝提供极致的产品和极致的体验，再用 15% 的时间用移动互联网的工具去做营销。

（一）首席粉丝官

潘定国认为粉丝有三个特点：一是愿意去传播和推荐你们的产品；二是愿意持续购买你们的产品；三是当有人说你们不足的时候他愿意站出来维护你们。移动互联网时代下的社群电商、粉丝经济给创业者提供了非常好的机会。因为随着移动互联网时代自媒体的快速发展，每一个用户都是一个媒体，都可以向朋友推荐和传播产品，不需要广告费，也不需要传统的销售人员，一个老用户能给公司带来很多用户。

潘定国本人自任公司“首席粉丝官”。在公众号里，粉丝们可以和首席粉丝官潘定国进行互动，并且亲切地称作“潘哒哒”。公司创始人与粉丝们的这种亲密互动，能够让粉丝们获得一种自豪感，拉近了他们和公司的距离，增加了客户的黏性，从而提高了消费者对产品的忠诚度。而且在互联网这个唯“快”不破的时代，在经营过程中遇到的问题也能够及时地得到反馈，形成解决方案。粉丝模式使得五格货栈迅速且能够有效地占领了市场。

（二）惊人的粉丝效应

2014 年 5 月 18 日，五格货栈预售车厘子，仅仅半小时卖了 1000 多份，从中我们可以清楚看到这种粉丝效应。曾有一位买了车厘子的用户把信息发到朋友圈。五格货栈了解到他有 800 多个微信好友。如果 50% 好友看过这个内容，就有 400 多个好友听说了五格货栈。而客户反馈说，确实有 20 多个好友向他咨询，初步估计至少会给五格货栈带来 10 个关注用户。五格货栈的统计数据显示：一位老用户在朋友圈里晒一次所购车厘子的照片，平均可以带来 3 笔订单。仅仅靠粉丝们的口碑相传和晒照片传播，五格客栈没有花一分钱的广告费，没有一个销售员，却实现了粉丝和销售额的持续增长。

借助粉丝效应，五格货栈除了卖自己产品外，还启动了“五格代言”。由于顾客定位高端，五格货栈遴选上线产品非常严格，在短时间很难找到一个合适的其他产品，产品类别很少。于是就有部分粉丝反映，五格货栈的产品更新太慢，难以满足客户的其他需求。而同时，市场上存在着许多其他高品质产品，但由于没有好的销售渠道，难以接触到产品的目标顾客。基于此，五格货栈发起了“五格代言”活动，充分利用现有的粉丝群体，让顾客把自己的需求和推荐的好产品提供给五格货栈。公司通过同粉丝进行互动，共同遴选出顾客认可的产品，然后进行代言推广。到目前为止，五格货栈代言了三种产品：一是“雪龙黑牛肉”，一种功能性牛肉，独有的生命物质 ω－3；二是七星和田枣，采自十年以上的新疆枣树；三是“艾奥尼克”空气净化器，首创静电式净化技术，独家正负离子杀菌技术。从这三种产品来看，每种产品都有很强的独特性，也验证“五格代言”的宣言“只选最好，从不将就”。“五格代言”不仅拓展了五格货栈的产品线，而且满足了粉丝的需求。

二、为粉丝提供极致体验

五格货栈将目标顾客确定在时尚女性群体。这些顾客群体讲求生活质量，追求生活品质，对产品质量要求高，但对产品价格不是太敏感；他们购买水果，不仅追求水果品质，也注重整个购买消费的全过程体验。在移动互联时代，公司提

供给顾客的应该是能够使其享受到购买消费全程的极致体验，这样顾客才愿意发自内心地在朋友圈里进行转发和推荐。

（一）平台的极简与趣味体验

第一，选用微信公共平台，追求极简理念。五格货栈认为，买水果、吃水果应该是很简单、美好的事情，不应该弄得那样复杂和麻烦。公司考察了天猫、淘宝、京东、亚马逊等其他电商的购买平台，发现无论是电脑网络平台还是移动APP，其浏览页面和选购支付过程都相对复杂，因此，公司最终选择微信公众平台，以极简的理念设计平台页面和采购程序。打开五格货栈的公众号，我们会看到有关于五格货栈功能的详细介绍，整个界面简单明了，操作简单，给人一种简洁、明快的感觉。而且下订单完成支付也极其简捷，5～8 秒钟就可以完成一笔订购。

第二，保持账号温度，体现趣味性。产品上线之后，五格货栈在购买界面上设计了很多有趣的创意，让顾客的整个购买过程充满快乐和趣味。比如，在购买界面上就有“犒劳自己”、“打赏”、“赠送他人”的选项。在“赠送他人”下面，又有“老婆”、“父母”、“同事”、“朋友”等多个角色可以选择，其中还有一个是送给“小三”的。赠送“小三”到底是怎么回事儿？很多人都会好奇地点击一下，点开之后就跳出一个界面，上面写着马伊琍所说的“婚姻不易，且行且珍惜，还是送给自己老婆吧”。男顾客就会感觉特别好玩，女顾客也特别高兴，认为这是在教训男人要对自己老婆好一些。

在五格客栈的微信界面上，还有一个“五个车模”的栏目，点开就会发现这里面有香车和美女。由于五格客栈的许多顾客是女孩子，她们特别喜欢晒照片，于是五格货栈就在其微店里设计了一个车厘子模特——“车模”展示平台，每个顾客都可以将自己照片发上来成为“车模”，每个用户都能成为产品代言人。“车模”这样的称呼，让女孩子听起来特别开心、特别好玩，这样她们就会不断晒出各种拿着车厘子的照片。“五格车模”增加了微店的温度，使得整个购买过程充满了趣味性，顾客有了很强的参与感。

（二）物流的极快体验

在网购过程中，消费者看重的是商品的性价比和服务体验，而在目前商品价格和品类日趋同质化的情况下，服务体验正成为电商吸引消费者的又一利器，因此，电商开始在物流速度上一较高下，也就顺理成章。一个简单的竞争逻辑是：当消费者“习惯”了越来越快的物流服务后，渐渐沦为“慢”递的电商企业就会变得让用户无法忍受而逐渐舍弃，领衔的少数几个电商快物流企业就将凭借快物流拥有越来越多的市场份额。

对于五格货栈而言，由于所经营的水果产品特性，强调极快的物流速度是必然选择。五格货栈和顺丰合作，实现了24小时内全国各地都能配送到达。五格货栈的微信端将物流到了哪一步非常直观地展示出来，客户可以随时看到。

（三）产品的高品质体验

五格货栈承诺为顾客提供零缺陷的高品质产品。最初上线经营的产品是美国车厘子，也就是樱桃。五格货栈签约两家规模比较大的美国车厘子生产基地，花两倍的价格从基地采购最好车厘子。产品到货后，在仓库中再淘汰20%~40%，将最好的车厘子发给用户，以确保产品一定是在市场当期最好的。在经营初期，有部分客户反映收到的车厘子中有坏的，部分有霉变现象。公司创始人潘定国宣布，“只要在五格货栈购买的车厘子有坏的，我作为公司首席粉丝官直接为大家服务。并且直接补偿，一份车厘子只要有一个坏的就补一份，补偿里还有坏的就再补，再补里还有坏的再补，直到公司关门为止。”他认为五格人只有这种“无限服务”的精神才有机会获得顾客信任。

公司的第二款新品是来自具有400年历史的龙门山脉高原藏鸡蛋。因为公司顾客需求和市场环境进行分析后发现，在中国目前食品环境中，最担心食品安全的两个群体是孕妇和幼婴，由于他们对营养物质的需求和体质的特殊性，更需要保障其营养摄入的安全和健康。而这两个群体不可缺少的食品就是“鸡蛋”。因此，公司团队在全国范围筛选后，推出了绝对安全、真正“有机”的原生态藏鸡蛋。藏鸡产蛋量稀少，平均七天才产一枚。鸡蛋个小壳硬，但铁锌等人体所需矿物质含量是普通鸡蛋的4倍，粗蛋白是普通鸡蛋的两倍，而胆固醇只有其他鸡蛋的40%，具有蛋香浓郁，口感绝佳的优势。产品上线后销售异常火爆。

（四）服务的细致体验

公司非常关注细节。在产品包装上，车厘子定制2斤一盒，采用硬质的透明

塑料盒包装，这样一方面防止车厘子在运输过程中被挤压；另一方面也解决了顾客清洗的问题。因为许多顾客是在办公室购买和品尝车厘子的，而办公室中没有碗盆，清洗起来很麻烦。硬质塑料包装盒的盖子有十个小孔，车厘子可以直接在包装盒中清洗，洗完之后盖上盖子倒过来，很方便将水空掉。在包装里面还放有一个很厚的透明袋子，用日本进口材料制作的，把没吃完的车厘子用这个透明袋包好放在冰箱里面，就可以防止车厘子串味。因为车厘子是很甜的，如果吃完后将核直接吐在地上，容易吸引苍蝇，为此公司在包装里还专门提供了一个内衬塑料袋的信封，在信封反面的右下角写着：可以把核和皮吐在里面。

这些对细节的考究在许多水果店网点中是做不到的：无论是在水果店还是在淘宝上购买的水果，没有人关心你怎么吃，也没有人关心你吃剩下的怎么放在冰箱保险。而五格货栈从顾客角度几乎都考虑到了，让顾客真实感受到了购买消费全过程的极致体验。也正是有了这种让顾客满意乃至感动的体验，他们才会情不自禁拿起手机在朋友圈里面转发！

潘定国认为，“无限服务论”的提出不仅是对客户服务的一种承诺，同时给用户增加信心，在五格货栈买东西不用担心品质，而且使公司在无路可退的倒逼机制下，给供应链压力，迫使团队不断创新，改进自己的服务。

（五）情感交流的感动体验

任何产品给予顾客所带来的价值，可以分为两大类：一是功能价值，比如五格货栈提供的品质高、口感好的水果产品，在包装和物流等方面无处不关注细节的服务；二是情感价值，就是能够给顾客带来心理满足和感动的情感服务。在这一方面，五格货栈的创新可圈可点。人们买车厘子一般有两个目的，一是买回去自己吃，二是买回去送礼。公司从微信红包中得到启发，便设计了“赠送他人”这一项目。在一般人看来五格货栈在“赠送他人”已经做得很不错，很有创意了。但是追求新潮和时尚的粉丝们并不满足，有一位粉丝反馈说，五格货栈的送礼还不够好玩，没有互联网精神、不刺激、没有心跳的感觉。于是潘定国和他的团队开始着手进行改造，开发更加有趣、更加欢快的送礼方式，使五格货栈的购买赠送更具特色。他们通过对现有的客户数据分析发现，五格货栈的顾客在送礼时，有43%的客户是送老婆，21%的客户是送父母，送闺蜜和客户的各占12%，送亲友占5%，送基友占4%。为此，五格货栈在2014年12月14日推出了“定制贺卡”新功能，针对不同的送礼群体，设计了不同的贺卡，包括联结爱情版——

爱就告诉她，感恩亲情版——爸妈辛苦了，珍惜闺蜜版——闺蜜我爱你……通过微信公众号以及和首席粉丝官的互动，及时了解粉丝的需求，同时五格货栈自身也在积极挖掘其他的新事物，不断完善和优化功能，开发更多便捷、有趣和贴心的服务。

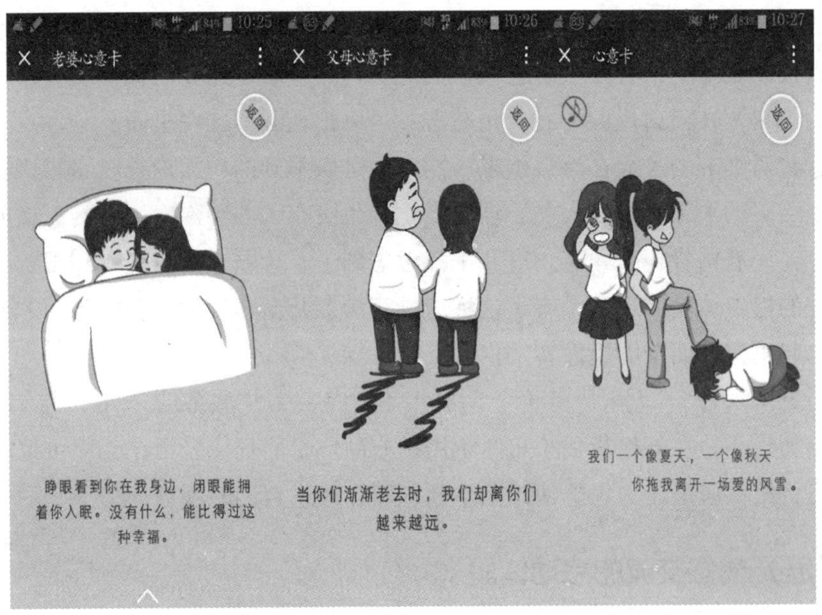

图 10-1　五格客栈定制贺卡

三、粉丝模式下的整合营销

移动互联网下的粉丝模式，以满足粉丝需求和痛点为核心提供产品。例如，逻辑思维 90 分钟预售 8000 套书；五格货栈半小时预售 1000 份车厘子，就是粉丝模式的典型代表。粉丝模式具有四大特征：第一，直接在微信上预售，没有花一分钱的广告费用和流量费用；第二，提前收款，没有一分钱的欠款；第三，销售产品的同时积累了用户；第四，用户对产品反馈的建议被快速采用，用户既有

归属感又帮助企业完善了产品。因此，移动互联时代的粉丝销售模式比传统零售的效率要高、费用更低。并且企业与客户直接交往，让客户参与产品的完善，在培养客户情感的同时也有利于打造符合客户需求的产品。通过更优的极致产品体验，将客户发展为企业的粉丝，一个粉丝带来的不仅仅是重复购买，更是在为企业进行信用背书，利用移动互联网实现口碑的快速传播。因此可以说，粉丝模式会带来企业生产和销售的一场革命。

（一）粉丝模式下的整合营销体系

“物以类聚，人以群分”在移动互联网时代更快速地实现。以前以相同的方式服务客户，客户会越来越不满意。为什么每年春晚大家都不满意？因为它要服务几亿的不同观众；为什么“中国好声音”、“爸爸去哪儿”带来的都是掌声？因为它们服务相同类型的人群。以前的媒体渠道是被限制的，但在移动互联网时代规则重新打破，媒体与渠道不再受到约束，企业完全可以自建媒体。企业建立一个微信订阅号，就相当于建立一个电台服务于自己的粉丝；企业建立一个微信服务号，就可以建立一个商城服务于自己的粉丝群。所以，在粉丝的个性需求和自媒体的高速发展下，企业必须构建移动互联时代的整合营销系统，为顾客提供更个性化、聚焦化服务，也就是说要围绕粉丝进行整合营销：为粉丝提供满足其需要的产品和服务，即产品系统；构建方便粉丝顺畅、便捷购买的网上购物平台，即商场系统；建立粉丝惯常使用的公司和产品信息传播渠道，即广播系统；建立粉丝们感兴趣的交流社群体系，即社区系统。

例如小米公司，充满个性的小米手机就是其产品系统；小米手机一般通过官网进行售卖，这是小米公司的商场系统；小米公司拥有自己的论坛，这是它的社区系统；小米公司的新浪微博官方账号，便是公司的广播系统。这些系统围绕小米分析的个性化特点，协调一致，共同构成了小米公司在移动互联时代粉丝经济下的整合营销体系。整个营销体系不依赖任何人、任何平台，从前期传播、产品销售到顾客反馈，这一系列过程，小米公司都能亲力亲为，完全掌控。

五格货栈也是一样。五格货栈的车厘子、五个咖啡、红心猕猴桃等高品质特色产品，便是其产品系统；公司的微信公众号，就是其广播系统，通过服务号中的系列文章和帖子，向粉丝们传递公司及其产品信息；微信支付端就是它的商场系统，进行车厘子等产品的订购与销售；朋友圈的转发与评论，就变成了它的社区系统，以此来了解顾客的反馈内容，接受用户的意见，并进行完善。

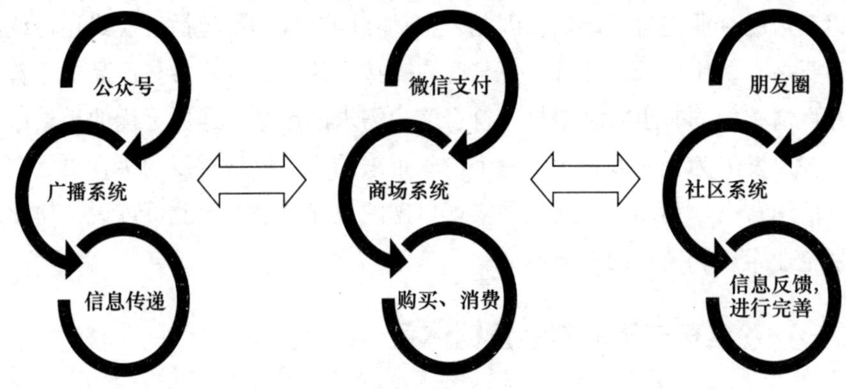

图 10－2 移动互联时代粉丝经济下的整合营销体系

（二）基于粉丝构建多维立体的商业模式

潘定国认为，在移动互联网时代，优秀的企业可以是这样形成的：通过极致的产品和全程体验让客户成为企业的粉丝；有一定数量的粉丝后企业可以自建媒体、自建电商和自建社区，实现全产业链的布局①；在粉丝经济和全产业链的基础上企业建立多维度的商业模式。

随着企业构建了基于粉丝群的整合营销体系，作为最熟悉这一批粉丝的企业，完全可以围绕这一群体开发和提供系列产品与服务。因为企业最熟悉、最了解这些粉丝群体，所以能够根据粉丝的需求和痛点去生产和提供具体体验和情感的产品；由于销售渠道和宣传体系都是企业自己建的，因此，企业服务于这批粉丝顾客的效率将极高。而只要公司能很好地在产品和服务中解决用户的痛点，用户肯定也会很满意。

例如，小米手机的成功为小米公司赢得了一大批米粉，在这批米粉的基础上，小米公司相继推出了路由器、移动电源等产品。小米手机的硬件并不赚钱，真正赚钱来自二维的软件、三维的配件以及其他电子化产品和四维的大数据和金融，小米就实现了从单维商业到多维商业的转变。

另一个具有代表性的案例是“三只松鼠”的虚实结合。“三只松鼠”在淘宝上卖坚果以及随后的 O2O 模式是实体模式；后来公司进军动漫产业，则是虚拟

① 编者认为，潘定国所谈的“全产业链布局”，本质上就是整合营销体系。

模式。“三只松鼠”以其“卖萌”特色，为自己赢得了大批粉丝。在这批粉丝基础上，自建媒体、整合电商，实现了虚实相结合的多维度商业模式。谁能想到卖坚果的电商未来会涉足一个迪士尼、KITTY 猫一样的动漫产业呢?

就五格客栈而言，五格货栈与中国第一华人美食菜谱社区“豆果美食”合作，完成了多维商业模式的布局，落成了五格货栈的 O2O 理念。五格货栈开办线下体验店的最初原因是想给粉丝一个聚会的地方。但开办一段时间后发现，线下店的生存状况并不是很好。潘定国及其团队就思考用什么方式能够改变这种局面。后来公司决定与“豆果美食”合作，采用众包的形式，把优秀厨师和美食达人整合到一个平台上，让他们把各自研究发明的烹饪配方交给出品师制作成成品，厨师和美食达人则类似版权转让模式拿到一定的分成。这种模式极大地激发了人们的创新和研发兴趣，体验店基本上每周都有新菜品推出。同时每位出品师亲自为顾客服务，根据顾客的需求提供量身定制的服务，让热爱美食的客户完成线上到线下的体验，也为公司线上积累更多的粉丝。为了定期举办线下美食大赛，线上的产品也会拿到线下来销售。基于粉丝电商社区，不断整合资源，打造除了垂直化的商业模式。五格货栈在重建了企业与客户之间的关系后，实现了从“商品经营”到“客户经营”的转变，打造了“社群电商——广播系统——五格 O2O——五格众筹——五格代言”的垂直商业模式。

四、案例小结

通过对五格货栈整个微营销过程的分析我们可以发现，微营销的魅力在于能够使企业更贴近顾客，更强调顾客参与，更要求企业积极鼓励顾客参与到价值创造和传递的全过程，通过社群来有效定位顾客和精确“定制化”的营销活动，从而实现微营销的目标——快速、精准地满足顾客个性化需求（产品、渠道、促销），达到顾客满意，最终实现企业的目标。

但是微营销的实现，不仅仅只涉及企业的营销，更多涉及企业产品、服务、战略和商业模式等一系列的安排，只有这些要素相互融合、支撑，进而形成了一个完整的体系，才能实现微营销的目标，这对新兴的创业型企业来说尤为重要。

案例讨论

1. 如何理解粉丝模式下的整合营销体系？

2. 查阅“三只松鼠”公司的相关资料，比较其与五格货栈微营销策略的异同点。

第十一章

黄太吉

——一张煎饼的互联网基因

对于餐饮企业而言，以互联网思维为主导，将创新性、年轻化的思维模式与互联网工具相结合，借助互联网低成本、快捷的特点，迅速提高品牌美誉度和知名度，快速攻城略地，已经成为餐饮业一道独特的风景线，黄太吉就是其中的典型代表。

一、黄太吉成长记

提起煎饼果子，大多数人的第一反应是好吃又便宜的街边小吃，一定认为比较“土”，难登大雅之堂，更不会和星巴克的咖啡相提并论。但是在北京国贸建外 SOHO 西区，一个只有 13 个座位，营业面积仅 20 平方米的煎饼店，煎饼果子从早卖到晚，开业半年多就获得第一轮天使投资 370 万元，估值 2000 万元，年销售额达 600 万元，把吃煎饼果子、喝豆腐脑等变成一件非常“洋”的体验，北京卫视、首都经济、新华社、《经济观察报》、《商业价值》、《华盛顿邮报》等各种各样的媒体争相报道，这家煎饼果子铺就是黄太吉。

（一）选择煎饼作为创业切入点

黄太吉创始人赫畅，1981 年出生，哈尔滨人，满族，典型的“80 后”创业者。从 22 岁起，他先后在百度、去哪儿、谷歌担任品牌与用户体验管理工作，26 岁与英国传奇广告教父萨奇兄弟创办 4A 数字营销公司，28 岁创建数字创意公司 DIF。

在经历了几番跳槽之后，赫畅特别想自己做点事儿，但又苦于不知具体做些什么。就在此时，他认识了现在的太太，一个地道的天津姑娘，随后赫畅开始经常往返于北京和天津之间。由于老婆是天津人，自己和老婆都喜欢吃煎饼，所以开始对做煎饼这件事产生了兴趣。两个人经过商量，决定做一家煎饼铺，但店铺形式区别于传统意义上的街头店，他希望能够颠覆煎饼之前在人们脑海中的印象，于是他决定把煎饼店开进北京的 CBD。

做黄太吉这事被周围的朋友泼了不少冷水。但赫畅认为，首先卖煎饼是一件非常“接地气”的事，且餐饮行业又是离每个人息息相关的行业；另外，中国作为一个饮食大国，孩子的童年被很多洋品牌快餐所包围，这是不正常的，中国人应该有自己引以为豪的快餐品牌；此外，从制作工艺上讲，中国的美食相对于汉堡、比萨等西式快餐，在标准化工艺上要复杂得多，这也在很大程度上限定了中国快餐的发展。如何才能既保证快餐的效率，又能还原现吃现做的工艺，且便于携带？综合考虑权衡之后，赫畅发现煎饼是个不错的切入点。

经过三四个月的紧张筹备，就在一切准备就绪随时可以开业时，店铺的名字却还没有想好，如何起个朗朗上口又便于记忆的名字，这着实让做了多年品牌管理的赫畅伤了不少脑筋。

赫畅自己想了很多名字，但始终却没有一个让自己特别满意的。赫畅回忆说，“黄太吉”这个名字是自己晚上做梦时梦见。由于自己是来自于哈尔滨的满族人，满族姓氏为赫舍里，于是他将小铺起名为黄太吉，取意“皇太极”之意。

（二）成长快速的黄太吉

经过一番筹备，2012 年 7 月 28 日（作为一个没有任何餐饮从业经验的人，为了保险起见，赫畅特意选了一个周末作为第一天开业日子），个人投资 100 万元人民币的黄太吉首家门店在北京国贸建外 SOHO 西区开业。店面面积 20 平方米，员工 16 人，店内只有 13 个座位（后来增加到 16 个），当日实现销售额 1200 元。

自开业以后，随着大家的口口相传，没过多久生意就开始火起来。2012 年 8 月 13 日，黄太吉店开业第十五天实现当日销售额 15700 元。2012 年 9 月 13 日，黄太吉店开业第四十五天，日销售额稳定在 12000 ~ 15000 元，每日卖出煎饼上千份。每天中午排队吃煎饼的人已经不是门店内所能承载的，很多人为了能吃上这一口儿，经常要排上近半个小时的队伍，这起初有点出乎他的意料。随着时间的推移，赫畅已对这种门庭若市的场景司空见惯。

开店 1 年，黄太吉收入超过 500 万元，被风投估值 4000 万元。2013 年 10 月，黄太吉在网站“天使汇”发布融资需求，10 天内便获得了 300 万元天使投资。2014 年 6 月 1 日，黄太吉获得第三轮天使投资 1650 万元，估值达到 7 亿元①。赫畅也成为各大新媒体营销分享大会以及各大商学院主题讲座争相邀请的嘉宾，例如赫畅作为演讲嘉宾出席的 2013 年新浪官方微博营销分享大会、2013 年华人经济领袖商学院巡讲大会（人民大学站）等。截止到 2014 年 8 月，黄太吉已先后发布“来得吉”外卖、“大黄疯”小火锅、“牛炖”米饭类快餐、“从来”饺子馆四大独立品牌，且均已开店营业。2014 年 9 月 14 日，黄太吉上海首家门店正式对外营业。

---

① 煎饼十诫．赫畅在 2013 年 11 月 1 日第八届艾瑞年度高峰会议（上海浦东嘉里大酒店）的主题演讲．

二、黄太吉卖体验

黄太吉将目标客户瞄准了在北京、上海等一线城市一线商圈的白领和上班族，他们的生活节奏快，薪资水平高，讲究生活品质，对食物的卫生、健康有新的诉求，而且追求时尚潮流，存在强烈的秀感。当过白领的赫畅深有体会，天天为每顿饭吃什么头疼的上班族，对食品的要求主要是物美价廉、卫生放心，同时还要对这种食品有熟悉感，不能稀奇古怪而是要接地气。此外还要有些附加值，这就要求就餐环境舒适、品牌有格调，能够给顾客带来一些值得与他人分享的体验和情感。于是，黄太吉从产品、店堂设计、服务员形象、自媒体内容、包括创始人故事等各个方面和环节，致力于给目标顾客提供一种全新的全流程体验。

（一）打造标准化接地气的精致产品

黄太吉的主要产品是煎饼、油条、豆浆、豆腐脑等传统中国美食，主打产品是煎饼。赫畅认为，西方快餐的汉堡，就是两片面包，中间夹什么都可以；比萨，就是一张面饼，上面撒什么就是什么。汉堡和比萨，都是千变万化又能标准化的食品，而中式快餐则被大家认为难以实现标准化。而煎饼果子相当于中国式汉堡，中间加什么都可以，可以变化出很多口味，而且简单易操作，是改造为既可以千变万化又能够标准化的快餐的绝妙“题材”。

首先黄太吉做到的是配方标准化，赫畅和他的团队在开业前花一个月的时间研发黄太吉煎饼配方，用多少面、多少水，酱料怎么调配，每一样都有明确规定，保证口味一致。其次是原料标准化，少而精的产品系列，坚持用有机生菜、纯绿豆面、无矾现炸油条。再次是制作流程标准化，黄太吉的师傅分工明确，通过一套流程彼此合作，提高效率，缩短一个订单的制作时间。标准化拆解了手艺，新员工只要经过培训，并严格按照标准操作，就能成为合格的员工。公司不用担心其中手艺高超的员工离职影响公司经营，在与员工的工资谈判中就占据了有利地位，拥有更多的市场权力，能够用更低成本的劳动力制作出达到既定质量水准的产品来；同时，标准化带来了可复制性，能够在不同的加盟店里都让顾客吃到同样味道的煎饼果子，为今后业务扩张实施加盟连锁奠定了基础。

黄太吉拥有了煎饼果子系列产品——煎饼、油条、豆浆、豆腐脑，构成了黄太吉的“老四样”。之后为了丰富口味，黄太吉加入了东北卷饼；大家喜欢吃四川风味，于是又推出了“麻辣烫”和四川凉面。针对爱吃肉食的吃客，店里还有限量定时供应的秘制猪蹄。CBD 的女孩子很多，黄太吉就又开发了两款甜品南瓜羹和紫薯芋头泥。除了店里的固定的产品外，黄太吉还会配合具体的活动推出各种花样的产品，如“菠菜煎饼”、“番茄煎饼”，即用菠菜汁、西番茄汁和面做出的煎饼，I－Phone5S 起售时推出名为 I－Potato 的土豆饼，等等。这就是黄太吉的整个产品系列：有主食、饮料、甜品。白领们一边上网，一边品甜食，格调一下变得优雅起来。白领们在舒适的用餐环境中吃着放心的食品，对产品的价格并不敏感，很少有人关注食品价格到底是多几块钱还是少几块钱。

（二）在黄太吉吃出时尚文化“范儿”

黄太吉的目标客户是“80 后”、“90 后”的 CBD 白领，如何让时尚小资、个性鲜明、标新立异、充满梦想的“80 后”、“90 后”接受街边“土气”的煎饼果子？黄太吉赋予这个“土气”的传统小吃新颖独创的产品精神，它符合了“80 后”、“90 后”白领的个性特征，契合了他们的精神需求。

煎饼哪里都有卖，黄太吉的味道也不会比其他地方的好吃太多，并且价格很贵。但是这不重要，重要的是黄太吉把吃煎饼果子变成了一种时尚，一种文化，代表了一种“范儿”，让“80 后”、“90 后”的白领体验到这是一种很酷、很潮的事，觉得在黄太吉吃煎饼果子和在星巴克喝咖啡是一样的感觉。可以说，黄太吉卖的绝不是街头常见的煎饼果子，而是被赋予新内涵的一种“精神产品”，或者说具有了“精神附加值”。黄太吉是怎么做到的呢？

1. 别具匠心的店面环境

黄太吉的店面设计上选择类似港式茶餐厅的小资格调，背景音乐包含了流行、爵士、蓝调等，符合年轻白领对时尚舒适的就餐环境的需求；陈设着来自世界各地的新奇玩意，满足年轻人好奇求新的心理；各种新潮接地气的宣传招贴：“所有汉堡、比萨都是纸老虎！”“在这里，吃煎饼，喝豆腐脑，思考人生。”让白领觉得吃煎饼是一种很“文化”的事。就连顾客买单后赠送的小票，上面也写着富有哲理且充满趣味的箴言，比如“大局决定成败，不是细节”、“背着昨

天追赶明天，会累坏每一个当下”、“生活总是有一些喜怒哀乐，就像摊煎饼，摊匀就好。”一句简单的名言，可能是大家很常见的，但当其出现在从未出现过的载体上，不得不让大家感叹黄太吉的用心和温暖。

正如赫畅所说的，“当你把一件事情做得有趣、有话题性、有差异性的时候，人们就会自己来找你”。

2. 风趣幽默的员工绰号

黄太吉给公司许多员工起了绰号，比如最开始的创业四人，被称为“四大当家”。而“火线后勤”、“禁重教头”、“镇店老厨”、“小李飞车”、“凉面书生”等称号都是根据每一位员工的不同特点而专门命名的，并且为每一位特色员工专门制作了海报。这种做法极大提高了黄太吉的品牌活力，形成了良好的团队凝聚力和归属感，更增加了员工的参与感。这是其他餐饮店中所没有的，给人幽默风趣但又耳目一新的体验。

3. 主题别致的活动

黄太吉似乎总有搞不完的活动，出不完的点子。一个看似平常的日子，也会被公司策划成独具特色、主题别致的活动。最高单笔外卖、曼联足球比赛、送餐员 Cosplay、停车攻略、一周年店庆、赫畅的五周年结婚纪念日、奥巴马演说、夜宵 KTV 送餐、这些看似与煎饼关联不大的生活点滴都被黄太吉设计成活动而用到了公司营销上。

比如，在店庆一周年的时候，黄太吉将其策划成了（Huangtaiji Worldwide Eater Conference，HWEC），即黄太吉全球吃货大会，在会上还仿照日本《寿司之神》推出了自己的电影《煎饼之神》；为了庆祝自己结婚五周年，赫畅邀请了微博粉丝、好友等穿正式礼服出席庆典，整个典礼看上去就像个小型电影发布会，不仅拉近了老板与顾客之间的距离，更体现出黄太吉将顾客当朋友来对待的经营理念；奥巴马就职演说很难与煎饼挂钩，一个在美国，一个在中国；一个是美国总统，一个是煎饼，但赫畅硬是将其做成了微博直播，并将自己与奥巴马放在一起来展示，用他的话说，“大家关注的事，就是公司关注的事”；往 KTV 送夜宵黄太吉不是第一家，但公司却策划了“饱吹不饿唱，你的夜宵你的夜”活动，还专门做了 KTV 送夜宵的黑袋子，外面印着有趣的“出来混要懂得伪装”。

看似简单的举动，实际上为消费者在众多的外卖中做了一个选择，“连外卖袋子都专门做了，好像没有理由不选择黄太吉”。后来公司和温莎等 KTV 的官方微博形成互动，它们允许黄太吉送入包厢。黄太吉的招聘也能策划成一场特色活动，招聘广告由现有员工用自己的亲身感受来阐述，或者老板娘亲自出马，从一个妻子角度来阐述丈夫的辛苦，以情动人，而且所有招聘海报的画面全部是公司员工自己拍摄完成。

黄太吉设计的活动各种各样层出不穷，独特新奇，让消费者感到惊奇的同时也强烈体会到了黄太吉的用心和细致。

4. 别出心裁的节日策划

在各种节假日举办活动进行促销，这是许多企业常用的策略。但是能让顾客津津乐道留下深刻印象的节日策划却不多。黄太吉在节假日的策划却做得别出心裁，令人难忘，也赚足人气。“80 后”、“90 后”们都有一颗未泯的童心，公司在六一儿童节推出“卖萌有理，致敬童年”，顾客只要戴红领巾到店内发微博，即可送煎饼，如果发卖萌照片也可得到黄太吉标准双黄大煎饼。而店员们有扮蜘蛛侠的，有扮超人送餐的，赫畅则戴了个星球大战的大头盔；父亲节推出“爸气十足”，顾客只要和老爸一起去黄太吉，即可送煎饼；七夕节推出活动是只要情侣在店内接吻就赠送一份煎饼；国庆节小长假期间推出“闲压淡”活动，平时忙碌紧张的白领阶层到店里就餐，赠送咸鸭蛋；光棍节推出“光棍有理，快乐无罪”，凡是单身顾客到黄太吉，与油条一起合影并发微博，就送一根油条。

这些别出心裁的节日活动策划，切实从顾客情感出发，触及了顾客的痛点，将活动冠以主题，在主题上做足文章，使活动不单调，充满趣味性和生命力。赫畅认为，给别人带来快乐才能提升品牌价值。

5. 凝聚粉丝的讲座

黄太吉老板赫畅到处做演讲，与粉丝们探讨关于人生、创业、佛经的各种感悟。他讲外星人，让大家了解“世界的背面”，讲“平常心、做自己”讲“煎饼相对论”、讲他的“小生意，大志向”，讲黄太吉的商业模式，成功之道，讲黄太吉的未来发展规划。每场讲座，赫畅都会带去煎饼，送也好，卖也好，听会的

人吃过的没吃过的都成了黄太吉的营销者和传播人，也成了赫畅和黄太吉的拥趸。在赫畅看来，看上去越不像营销的营销，反而效果会更好。这些讲座都具有极高的附加值，能扩充听者的知识面和维度，看似没有任何营销的身影，其实其营销效果已然渗透在赫畅的每一句话、每一张 PPT 中。

三、创造全媒体传播价值

微博、微信、大众点评 LBS，每一样黄太吉运用得都很溜。但并不是和其他一些小店那样开个微博打个广告而已，黄太吉非常注重微博、微信营销的效果。黄太吉的微博上，美食粉丝们在上面进行频繁互动。

（一）创造微博热点话题

黄太吉微博最大的特色是用户每一条评论和@ 都会得到回复。之所以这样做，一方面是让用户觉得自己受重视，另一方面也是了解用户是谁和随时随地体察用户需求。微博对黄太吉与其说是一个营销平台，更像是拉近与消费者距离的客服工具。当然黄太吉做的并不止于此，还会将这种线上的沟通最终体现到线下的具体操作里。

“开奔驰送煎饼”一度是微博上被炒热的话题，黄太吉因送外卖而声名鹊起。因为初期没有送餐车，接的订单较多，为了方便，赫畅开着自己的奔驰车送餐。结果，取煎饼的人非常惊讶，此事很快在国贸商圈传开了，大家都感到非常新鲜。后来一些帅哥美女们不仅亲自体验了一次，还给赫畅的跑车和煎饼拍照，传到网上后，一下引起了轰动。连北京卫视的“BTV 美食地图节目”也找上门来，这无疑为黄太吉带来了更多的客人。后来又有了“美女老板娘送煎饼”，成为另一道美丽的风景。

黄太吉微博上被广为传颂的另一个热点话题是“黄太吉停车攻略”。这是为在黄太吉门前不能停车而受罚的消费者量身定制的。黄太吉所在的那条街道不能停车，因此很多开车来吃黄太吉的人都被贴了罚单，有人在微博上诉苦，吃煎饼的成本太高了。于是赫畅做了一个停车攻略放在收银台上，过来点餐的人第一眼就会看到。第一条攻略是守法停车，而另一条停车攻略则被大家戏称为“翘臀神功”，就是让顾客们把车后备厢打开，伪造成临时停车，马上走人的意思。以至于消费者来黄太吉吃煎饼形成了一个传统，主动把车后备厢盖翘起来，形成一道奇特的景观，顾客们将其称为“这叫规矩”。如果不幸被罚，停车攻略还有一条“挨罚安慰”，老板就会送上南瓜羹以表安慰。年轻顾客非常喜欢这个贴心的创意，在网络上广泛流传，后被媒体注意，接连报道和讨论“后备厢打开的停车到底算不算违章停车”，这反而为黄太吉赢得了更多的知名度。

另一个例子就是在微博上晒外卖单。哇酷软件的北京分部曾一次性在黄太吉订餐达4650元，这让赫畅和所有员工都很意外，便把订单发到微博上，称哇酷为“黄太吉外卖状元”。没想到另一家社交游戏开发商zynga公司的员工很快回复微博：“俺们要超过它！”第二天也下订单。后来，黄太吉微博在连续晒了几天安永会计师事务所的外卖单后，德勤会计师事务所位于北京的分部不干了，说“不能让安永天天吃，我们也要”。如此这般的比拼，不仅让粉丝圈里的气氛异常活跃，也着着实提升了公司的销售额，如今黄太吉的外卖占到其总销售额的25%。

（二）传统媒体曝光提升知名度

除了在微博上不断创造话题引起粉丝关注和积极互动之外，赫畅还在电视节目《非常了得》上曝光，让孟非、郭德纲吃煎饼；跟娱乐公司一起来推广电影，来到黄太吉可以看到《救火英雄》的海报；邀请自媒体名人罗振宇在黄太吉店里录制节目；获得《新周刊》杂志颁发的奖项“最佳优化生活奖”；参加移动互联网创新大会，赫畅穿了一件自己设计的印有“Genius of Jianbing”字样的T恤上台演讲，意在将黄太吉与苹果公司联系在一起。甚至在百度开放云编程的马拉松现场，你也可以看到黄太吉的身影。这就是黄太吉，源源不断将所有事情都变成自己的传播素材，无时无刻不在吸引着各方媒体的眼球。

我们可以把黄太吉的这些做法，看成给媒体（包括传统媒体、新媒体、自媒体）创造内容，在完全不需要投入广告费用的情况下实现了对自身信息的传播。事实上，黄太吉的这些做法与传统的事件营销并没有本质区别，他们不但充分利用了互联网和移动互联网传播渠道，更重要的是利用移动互联网、互联网思维成为热门话题的时机，顺势搭上了这个热门话题的便车，迅速实现了自己的无成本品牌传播。黄太吉甚至推出《第一个500天》，通过淘宝销售298元一本。老板赫畅的个人演讲门票卖到399元。这变成了赚钱的品牌推广活动，而且还赢得了大量铁杆粉丝。

这种做法在传统餐饮业是不可想象的。在传统餐饮业的认知中，对客人的服务只存在于进店到离店的那段时间，然而移动互联网时代，整个消费体验已经变长，它还存在于到店的路上和消费之后的很长时间。以前没有互联网的时候，找不到店外的他们，如今他们就在网上、微博上、陌陌上、微信上……黄太吉意识到这一点，借力移动互联网，从不断线，随时随地与消费者连接，维护整个用户体验。反过来这种对用户体验的维护，又可以输出到网络上，成为绝佳的营销素材，这就不难理解为何黄太吉似乎从来就不缺营销的内容。至此，这已经不是单纯的营销，营销和服务之间的界限变得很模糊，营销既是卖产品，也是产品本身。

四、黄太吉的微博营销之道

微博作为社交媒体具有传播速度快、覆盖面广的特点以及微博用户呈现年轻化、高学历、高收入的特质。而黄太吉又将主要目标市场定位在商圈优质白领和时尚新潮年轻人，不难看出微博用户与黄太吉目标市场存在着很大比例的重叠，故黄太吉最终将品牌塑造和产品推广的首要营销方式定为微博营销。

在确定了具体的营销方式后，接下来就是解决如何操作的问题：一是黄太吉微博运营主体，即谁来做（Who）；二是微博内容的发布，即做什么（What）；三是微博营销的广度和深度，即怎么做（How）。

（一）谁来做

从目前企业官方微博营销的实践来讲，其运营主体主要有以下三类：企业自身的专业营销团队、企业委托给第三方专业营销机构、企业自身的专业营销团队+第三方专业营销机构的监评。但是对于刚起步的快餐类企业而言，显然在人力和物力部分都无法满足以上三种情况。所以，黄太吉新浪官方微博@黄太吉传统美食的运营在营业初期就落在了其创始人赫畅身上（现在仍是）。

（二）做什么

这部分主要是解决微博内容的来源问题和质量问题。

首先是微博内容的来源问题。早在20世纪90年代，美国西北大学唐·E.舒尔茨教授便提出了整合营销传播理论，其核心观点便是营销理念必须从传统的产品导向（Product - oriented）转为消费者导向（Customer - oriented），这种观念在移动互联网时代则更显重要。传统的营销是“发布—传递—接受”这种线性、单向的方式，对于消费者来说更多的是一种被动的接受行为，参与性不强。而在移动互联网时代，消费者一方面是信息接受者，另一方面更是信息的创造者，也就是说传播方式从以前的单向行为变为现在的双向行为，具有更强的互动性。因此，针对@黄太吉传统美食的内容部分，赫畅提出了“黑洞型”微博营销的概念。他认为，微博营销的关键就是持续保持内容的“创意点”和“话题性”以及与黄太吉品牌的多元相关，不断地对粉丝作价值输出，最大程度地提高用户黏度。而单纯的由微博运营主体去构思微博营销内容，其精力和能力均是有限的，从而所能创造的话题也是有限的，只有把广大消费者融入进来，充分发挥消费者的主观能动性，微博内容的“新颖度”和“互动性”才能得到持续保证。所以，赫畅的“黑洞”营销思维体现：一是不对@黄太吉传统美食的微博内容作规范化和模板化设定；二是通过引导和创造条件，将消费者本身培养为微博内容的创造者和提供者。比如，黄太吉会给食客提供免费Wi - Fi服务，解决网络分享畅通性和即时性的问题。再比如黄太吉的“所有汉堡、比萨都是纸老虎!”“在这里，吃煎饼，喝豆腐脑思考人生”等趣味性极强且新潮时尚、贴近年轻人生活的广告语，店内摆放的来自世界各地稀奇古怪的小物件，“端午节不啃不快乐”的猪蹄广告和儿童节戴红领巾送外卖以及店员COSPLAY等各式节日的活动推广。这一切有趣、很酷的东西又为微博用户提供了分享的“素材”。如此一来，@黄太吉传统美食微博的内容源一定是丰富多样又持续不断的，所产生的影响也是巨大的。

再者是微博内容的质量问题。关于质量部分，赫畅强调多元价值观输出，不断丰富品牌内涵。翻阅@黄太吉传统美食的微博不难发现，黄太吉官方微博除了有关于新品的介绍和对于顾客针对黄太吉产品评价的微博信息转发外，更有黄太吉的创业过程与创业感悟、赫畅关于外星人文化的探究、黄太吉关于中国传统餐饮业的发展走向之见解等多方面的表达。以上看似与卖煎饼果子不相关，实则是对于“黄太吉”这个品牌内涵的扩充，即“黄太吉”代表的就是简单、健康、有趣、多元、正能量。让顾客觉得对于“黄太吉”的消费，除了能得到味觉和视觉上的享受，还有一种精神上的丰富。这一点，对于黄太吉的发展也至关重

要。首先黄太吉是以“卖煎饼”的印象走进大众视野，同时又不断地对消费者作“黄太吉不仅仅只是煎饼果子店而是代表‘简单、健康，有趣、好玩、正能量’的一个品牌”的价值观输出，这在很大程度上拓宽了黄太吉的发展之路。根据黄太吉后来陆续发布的“来得吉”外卖、“大黄疯”小火锅、“牛炖”米饭类快餐、“从来”饺子馆四大独立品牌可以看出，“做品牌而不仅仅是做产品”的营销策略确实达到了成效。

（三）怎么做

在拓宽营销广度和提升营销深度方面，黄太吉可谓做足了功夫。主要体现在以下方面：

一是利用微矩阵构建企业微博账号群，形成规模效应。截至 2014 年 8 月，黄太吉先后已发布“来得吉”外卖、“大黄疯”小火锅、“牛炖”米饭类快餐、“从来”饺子馆四大独立品牌并均已开店营业，从企业微博阵营来看已有@ 黄太吉传统美食、@ 来得吉外卖送、@ 大黄疯小火锅、@ 牛炖先生。黄太吉根据产品线利用微矩阵有规划地建立企业微博账号群，以此实现交叉覆盖，从而形成规模效应扩大影响力。单从@ 黄太吉传统美食的粉丝数来看，到 2014 年 10 月，其关注人数已近 12 万。

二是善于借势巧于造势，提高微博话题附着力。比如，2013 年 5 月，赫畅在新浪微博上直播自己作为第一个中国人受邀出席美国国会全球外星文明揭秘听证会现场、同年底黄太吉在微博上发起外卖订单（晒单）销售冠军竞争，最终由小米公司以 72865 元取胜；2014 年 2 月 28 日，黄太吉的小票箴言成为网络话题焦点、2014 年 9 月 26 日，随着《舌尖上的中国 2》播出，黄太吉以其旗下大黄疯小火锅品牌原料采购及主打产品为素材，拍摄了题为《1680 公里》时长 10 分钟的视频，并发起#什么样的美食才配得上什么样的影像#、#舌尖 3 还是不要拍了，高手在民间#等微博讨论话题。截至 2014 年 10 月 12 日，新浪微博转发数达 4.2 万条，优酷播放数已达 301 万条，根据新浪微博数据平台热词趋势微指数显示，9 月 26 日当天“黄太吉传统美食”热议指数达到了 954。以上例子及数据说明@ 黄太吉传统美食在微博的内容设计方面匠心独运，具有极强的话题性，因而获得了网民的高关注和高参与。

三是打通线上与线下，延伸微博营销链条。企业微博营销的最终目的是吸引潜在顾客入店从而进行消费，针对此，黄太吉开展了一系列活动。比如 2012 年 9

月通过微博报名，黄太吉店内首开的关于外星人话题的《世界的背面》兴趣分享大会、2013 年 7 月黄太吉举办创立一周年庆典，出席嘉宾一共 100 多人，其中三分之一通过@ 黄太吉传统美食粉丝中随机选取等。以上均为黄太吉带来了实际的到店客流和消费，并通过消费者的微博分享最终形成良性循环。

五、小微企业的微营销模式思考

根据 2013 年新浪微博“i 调研平台调研数据”发布的微博用户发展报告显示，从线下消费行为来看，新浪微博用户中有 63% 的人会选择与亲朋好友聚餐。51. 1% 的用户在线下进行产品/服务消费过程中或过程后都会进行晒单行为，细化晒单行为的发生，并且有 35. 83% 的用户会将产品/服务的质量进行评价，而 81. 77% 的用户在线下消费过程中会参考线上好友给出的评价。从线下消费意愿倾向性来看，有 58. 56% 的用户对于品牌影响力最为看重。以上数据表明在移动互联网背景下，以餐饮行业为代表的小微企业在微博营销上大有文章可做，其中尤以企业品牌的成功塑造和推广值得特别关注。结合上述黄太吉微博营销实践，对小微企业的微博营销模式予以总结。

（一）构建企业品牌文化，丰富微博营销内涵

1. 构建企业品牌文化

对于任何一家企业而言，品牌的建立和推广都是极其必要的。企业可以通过关于企业创建历程和发展走向、团队和产品本身等的介绍以及话题讨论的发起等，全方位、多角度不断地对用户做价值输出，塑造企业品牌，获取用户好感和认同，最终引导用户行为。

2. 丰富微博营销内涵

对于微博营销内涵的丰富包括微博内容和微博营销体系的丰富两个层面。就微博内容而言，此处的丰富强调的是“质”而非“量”。企业微博运营主体可以

通过对热门话题及用户需求的密切关注、各类基于微博平台的线上线下活动的开展、顾客诉求的及时回应等做法确保微博内容的趣味性、话题性和互动性，从而提高微博的活跃度和关注度；就微博营销体系的丰富而言，主要是指企业通过各种可供顾客线上分享的素材的创造，将顾客纳入企业微博营销主体范畴，从而扩充微博营销体系。具体来讲，店内装潢装饰、产品及服务本身、线下活动等均可成为顾客线上分享的素材来源。因此，企业在对上述要素的挖掘和利用方面大有文章可做。

（二）搭建企业微博矩阵，发挥规模集聚效应

对于一些业务线较长和子品牌较多的企业来讲，根据产品线、品牌类别、经营区域等，开设差异化的官方微博账号能够更好地推进精准化营销，并保证企业官微的高效运营和管理。通常企业微博矩阵包括企业官方微博、品牌微博、区域微博等。以企业微博矩阵搭建做得成功的 NIKE 为例，目前 NIKE 已建有@ NIKE 企业官方微博，@ NikeBasketball、@ NikeRunning、@ NikeFootball 等品牌微博，@ Nike 北京、@ Nike 上海、@ Nike 广州等区域微博。通过微博矩阵的构建，一是能将企业各细分市场区别开来，针对不同类型的客户进行分别推送，实现精准营销，并能对不同类型客户的个性化诉求及时做出高效回应，提高企业美誉度；二是通过矩阵微博中各成员微博之间的互动，比如关联信息的互相转发等，扩大微博受众覆盖面，发挥规模集聚效应，增强企业微博影响力。

（三）延伸微博营销链条，加强与顾客的情感建立

企业进行微博营销的最终目的是为了促进顾客到店消费，为此企业可以通过线下活动的开展，将线上用户向线下引流，最终扩大消费。具体来说，企业可以根据产品特色和自身品牌文化内涵并适时性的结合社会热门话题，开展一系列主题大赛、兴趣分享大会、新品发布会等，并通过线上报名、第三方平台抽取幸运粉丝等方式打通线上与线下，延伸微博营销链条，从而加强与顾客的情感建立，最终构建企业自身强有力的粉丝群体。

（四）关注用户浏览习惯，提高信息推送效率

微博用户浏览习惯可以从浏览时间和搜索偏好两方面去把握。首先，从浏览

时间来看，根据新浪微博数据中心的相关资料显示，从日均用户时间分布上来看，早8点之后用户使用量开始攀升，12~13点、16~17点以及22~23点间微博在线人数均会呈现高峰，其中晚间高峰是一日中最高点[①]。以上数据意味着企业微博运营主体在发布相关内容时，就发布时间而言必须有所参照，从而保证推送内容能最大限度地进入用户视野，确保有效性。其次，从搜索偏好而言，新浪微博开设了关键词搜索功能以及热门话题榜。针对此，企业官微可以通过附着网络热点话题的关键词的设立，进行微博内容的编辑，从而便于用户能在第一时间搜索到相关信息，扩大覆盖面，提高影响力，确保高效性。

当然，微博营销只是企业在进行营销时的手段之一，微博营销的成功也并不能保证一家企业在经营上全方位的成功。但是通过黄太吉微博营销实践的总结分析和对于微博营销模式的深入思考，对于其他中小企业的营销实践而言具有一定的参考借鉴意义。随着微信在线支付平台等的开发以及大数据时代的到来，中小企业的经营还面临着许多新的挑战。

案例讨论

1. 在移动互联时代，企业促销方式会发生哪些变革？为什么？

2. 结合黄太吉的微博营销实践，探讨餐饮业的互联网思维真的就是发微博、发微信和制造话题这么简单吗？互联网思维的本质在于什么？

3. 怎样用互联网思维做餐饮？

① 2013年微博用户发展报告［R］. 北京：新浪微博“i调研平台调研数据”，2014.

第十二章

《爱，在四川》系列微电影营销[①]

“微电影”这一概念在国内最早由汽车品牌凯迪拉克提出，2010年年底，凯迪拉克推出由吴彦祖担当主演的微电影《一触即发》大获成功，成为国内微电影营销的首开先河者。之后，各类微电影如雨后春笋般出现在互联网上，比如雪佛兰的《老男孩》、益达的《酸甜苦辣》系列、三星手机的《四夜奇谭》系列、百事集团的《把乐带回家》、佳能的《看球记》等，在网络上不断创造着一个又一个点击量奇迹。作为当下一种新型时尚营销方式，微电影以其电影特性、艺术感、参与性、互动性、科技感、传播便捷、便于整合等优点，集娱乐、创意和宣传于一体，通过浓缩的电影叙事，将新经济时代人们追求精神自由和互动体验的感性诉求发挥得淋漓尽致，获得了众多商家的青睐，成为了他们打造品牌以及与消费者维系情感的重要途径，也成为旅游目的地进行营销推广的一种新型模式。

① 王得利．旅游目的地微电影营销传播策略研究［D］．北京第二外国语学院，2013．编入本节时有所删减。

一、旅游目的地微电影营销的应用现状

微电影营销的广泛应用也引起旅游行业的关注，许多旅游目的地、旅游企业及景区纷纷试水“微电影营销”，争抢这块肥沃的网络营销新阵地。其中，近几年异军突起的桔子酒店可以说是旅游行业微电影营销的佼佼者。桔子酒店集团于2011年初开始筹备“桔子水晶星座微电影”，并在微博、门户网站和视频网站同步播出。据统计，“桔子水晶星座微电影”上线至今，12部微电影累计播放量超过5000万次，微博转发次数超过100万次。超高的人气增加了消费者对桔子酒店品牌的认知度，运营还不到4年的桔子酒店也日渐红火起来，客房入住率直逼100%，旺季时甚至出现了一房难求的局面。“一部微电影带火一个酒店”成为业内佳话。

作为全国第一个“吃螃蟹”、用微电影推介当地旅游的地区，四川省于2012年2月7日推出首部旅游微电影《“爱，在四川”——美食篇》，目前已在优酷网、土豆网等各大视频网站热播，截至2012年9月，总点击率超过3600万次。自那以后，越来越多的旅游目的地将目光投向这一旅游营销“新宠”，一部部承载着旅游目的地形象宣传的旅游微电影争相上映，并取得了不错的营销效果。

在微博风靡之后，成本低、周期短、媒体适用度高，集娱乐、创意和宣传于一体的微电影又开始大行其道。而随着国内微电影市场的迅速崛起，微电影作为旅游营销的有效载体被广泛应用于旅游目的地的营销过程中，并凭借其独特的创意手法和表现形式赢得了受众的青睐。因此2012年一度被认为是旅游目的地“微电影营销元年”。

表12－1 代表性的旅游目的地微电影

案例	创意手法	表现形式	效果
《爱，在四川》系列	通过微电影展示四川作为一座“美食之都”、“幸福之都”的独特魅力，其围绕的中心主题就是“四川，一个让爱发生的地方”	《爱，在四川》系列微电影陆续推出美食篇、熊猫篇、追梦篇、汶川篇、风情篇等主题，介绍四川的好吃好玩、风土人情和自然风光，为观众带来旅游时尚与动感影像结合的视觉盛宴，引导人们带着“爱”走进四川	截至2014年2月《爱，在四川》系列微电影的累计点击量已高达6500万人次，为四川旅游赚足了人气。其中“美食篇”总点击量就已突破3600万人次

续表

案例	创意手法	表现形式	效果
武汉《岸边的记忆》	以武汉文体旅游发展的人文关怀为主题，升华文体旅游与市民生活的和谐乐章	影片采用全新表现方式，以"幸福感"为切入点，利用爱情故事实现城市文化"软着陆"。勾勒出只属于武汉的城市画卷	观众看后会怀着一颗"珍惜"的心情去细细体会武汉这座城市的美好，增强在这座城市生存的幸福感
宜昌《相约山楂树》	国内首部以情感诉求为主线，将宜昌独特的旅游资源、和谐的城市景观、宜居的城市条件贯穿组合到一起的	利用微电影集中展示了三峡大坝、三峡人家、三峡大瀑布、车溪以及城市美景诸多宜昌市旅游元素	凤凰网上点击量已超过500万次，片中秀美的宜昌山水吸引了无数外地网友的关注

自2012年2月7日，四川省推出国内首部旅游微电影——《"爱，在四川"——美食篇》之后，越来越多的优秀旅游目的地加入到微电影营销的行列，通过投拍微电影来展现当地的自然风光和风土人情，提高旅游目的地知名度，塑造旅游目的地品牌形象。在由浙江省旅游信息中心和温州市旅游局联合发起的"2012年中国优秀旅游微电影展播"平台上，一部部承载着旅游目的地形象推广的旅游微电影争相绽放，取得了良好的营销效果。如珠海海泉湾的《旅行的意义》、浙江南北湖的《你是唯一》、浙江新昌的《十九峰之恋》、浙江绍兴的《樱为爱情》、江苏的《我与南京有个约会》、湖北宜昌的《相约山楂树》、武汉的《岸边的记忆》、江西的《恋恋庐山》、贵州的《缘分西江》、安徽的《因为爱情》、福建的《武夷源·武夷缘》、重庆的《西之忆》、云南的《云之梦》、山东的《心的仙境》、海南的《海的记忆》等，这些旅游微电影在优酷等网站逐一亮相后，在短短数日内即达到数十万的点击量，其中一些还在微博上被疯狂转发。

二、旅游目的地微电影传播模式

（一）微电影传播主体分析

传播主体，即传播者，又称传者、信源等，是传播行为的引发者，是传播过

程中信息的主动发出者。事实上，在网络传播中，没有严格的传播者和受众的划分，每个人既是信息发布者、传播者，又是受众，传统意义上传播者和受众之间不可逾越的鸿沟难复存在。尤其在新媒体时代，社会化媒体的蓬勃发展让个人成为独立的信息中心——“自媒体”，也就是说，任何一个个体或组织都有可能成为大众传播过程中原被一些大型传播媒介组织所把持的传播者角色。

旅游目的地微电影作为新媒体环境下产生的一种新型的旅游信息传播方式，其传播主体呈现多元化、泛众化，具体包括旅游目的地管理组织、传媒机构、普通网民等。其中，旅游目的地管理组织又包括地方政府、旅游主管部门、旅游景区管委会、旅游协会及社团组织等，他们一般充当着旅游微电影发起人的角色。目前的大部分旅游目的地微电影都是由当地的旅游主管部门发起筹拍的，有的地方旅游局领导甚至亲自上阵，在微电影中“跑龙套”充当绿叶。在河南南阳市旅游局投资拍摄的微电影《官德启示录之魂游南阳》中，该市旅游局局长和三名副局长，在拍摄现场就客串起群众演员集体“跑龙套”。营销智业公司、公关公司、广告公司等传媒机构则是旅游目的地微电影的实际策划人和执行者。如中国首部城市旅游微电影《我和南京有个约会》的策划执行单位是中青旅联科（北京）公关顾问有限公司，浙江绍兴的微电影《樱为爱情》则是由杭州励诚嘉视广告公司摄制。此外，当这些旅游目的地微电影在网络上热播时，作为“自媒体”的广大网民已不再单纯是微电影的受众，借助于微博、社交网站等媒介的转发、分享等功能，他们也开始充当着旅游微电影传播者的角色。

（二）微电影传播内容分析

传播内容是指所有通过媒介传播给受众的信息。在“内容为王”的时代，广告如何让人爱看，内容是关键。若想要吸引受众的注意力，就必须在传播内容上有所创新。旅游目的地微电影之所以表现出如此强大的生命力，其传播内容的电影特性和故事性是一个重要原因。

首先，在内容表现手法上体现电影特性。不同于传统旅游宣传片生硬、直白、说教式或灌输式的内容表达形式，以电影为载体的旅游微电影更加注重娱乐性和情感性的互动与沟通，它给受众带来的不仅是情感上的娱乐体验，更是心智上对于旅游目的地的“形象定位”。

其次，在内容设置上突出故事情节性。旅游微电影巧妙地将各种旅游吸引物融入到一个构思精妙的故事情节中，通过具体的人物故事来展现当地旅游风貌和地域特色，委婉含蓄地实现旅游目的地品牌形象的渗透和推广。在故事的题材选择上，包括恋爱情感类、青春励志类、幽默搞怪类、酷炫科技类和公益教育类等，其中以恋爱情感类为主题的旅游微电影最为常见。

例如，微电影《我和南京有个约会》以一对在南京发生的跨国恋情为主线，讲述了一个法国男孩在南京邂逅美丽的南京姑娘，并勇敢表达心中之爱的浪漫故事。在6分多钟的影片中，中山陵、总统府、夫子庙、秦淮河、玄武湖、鸡鸣寺、先锋书店、南京师范大学随园老校区等南京众多知名景点和城市地标一一入镜，旅游景点和故事情节巧妙地融合在一起，既展现了南京古典而富于活力的城市形象，又与影片中的唯美爱情故事相互映衬，为影片增添了亮色。湖北宜昌的微电影《相约山楂树》讲述的则是男女主角在看过电影《山楂树之恋》后，通过网络相约从不同的城市来到宜昌，寻找山楂树、寻找真爱的故事。影片分别在三峡大坝、车溪、百里荒、三峡人家等景区取景，将宜昌周边众多的旅游资源按照故事情节的发展串连在一起，以轻松的笔触，多层次、多角度、全方位地展现出了宜昌风光、土家风情和三峡文化。

（三）微电影传播渠道分析

传播渠道又称媒介，是指信息传递的载体、渠道、中介物、工具或技术手段；也指从事信息的采集、加工、制作和传播的社会组织，即传媒机构。

表12-2 旅游目的地微电影的传播渠道分析

传播渠道	具体方式	应用举例
传统媒体	报纸杂志、广播、电视、户外广告等	微电影上映前进行宣传造势，如新闻跟踪报道、新闻发布会；在车站、机场LED广告屏同步播出
新媒体	视频网站	在Youtube、优酷土豆、爱奇艺、酷6网、56网、新浪视频、腾讯视频等平台上免费播放
	社会化媒体	通过微博、SNS、Facebook、Twitter的分享、转发等功能，实现二次传播，甚至病毒式、裂变式的高效传播
	移动新媒体	借助于智能手机、平板电脑等移动终端，受众可以充分利用"碎片化"的时间，随时随地收看旅游微电影

传统旅游目的地营销方式的传播渠道主要以报纸杂志、广播、电视、户外广告等传统媒体为主。旅游微电影作为在新媒体环境下产生的一种新型营销方式，

其媒体适用度更高，传播渠道也呈现多元化。除传统媒体外，旅游微电影更多借助于各种新媒体进行传播。新媒体是相对于传统媒体而言，是继报刊、广播、电视等传统媒体以后发展起来的新的媒体形态，是利用数字技术、网络技术、移动技术，通过互联网、无线通信网、有线网络等渠道以及电脑、手机、数字电视机等终端，向用户提供信息和娱乐的传播形态和媒体形态。与传统媒体相比，新媒体的特点在于其即时性强、互动性强、覆盖率高、渠道广泛、精准到达、方便快捷、性价比高、个性化与社群化、海量性与共享性等。旅游微电影所依赖的新媒体传播渠道主要包括视频网站、社会化媒体、移动新媒体等。

（四）微电影传播受众分析

受众，也称受传者，是指信息传播的接收者，具有众多性、混杂性、分散性和隐匿性等特点。为了更好地对旅游目的地微电影的传播受众进行分析，笔者通过问卷调查的方式，从微电影传播受众的结构特点，受众对于微电影的认知以及选择倾向，微电影在旅游目的地形象宣传和受众态度改变方面的效果等方面对其展开考察。此次调查共发放线上线下问卷300份，回收有效问卷261份，有效率约87%。对于数据的分析主要采用描述性统计分析方法，部分调查结果如下：

旅游目的地微电影受众的年龄分布在18～25岁占比29.4%，所占比例最大。其次是26～30岁年龄段，占比21%。31～35岁年龄段约占20.6%。可见，旅游目的地微电影的受众主要是集中于18～35岁的年轻人群体，该群体占比超过七成。

大部分受众对于旅游目的地微电影有所了解；也有少部分仅仅是听说过，但不太了解；非常了解的仅占3.33%。

七成左右的受访者通过视频/门户网站、微博、社交网站等网络媒体观看旅游微电影。也有部分人通过电视广播、报纸杂志、户外广告等传统媒体获取微电影信息，占比约27.3%。此外，随着移动新媒体的兴起，通过智能手机、平板电脑等视频客户端收看微电影的用户越来越多。

对比不同的旅游广告形式，受访者更倾向于选择旅游微电影，其次是传统旅游宣传片、影视植入式旅游广告。可见，与传统旅游宣传方式相比，微电影对于受众的吸引力更大。

对于旅游目的地微电影的态度，超过一半的受访者持中立观点；也有相当一部分人表示“感兴趣，经常会看”，占比43.33%。

大部分受访者对于旅游目的地微电影营销的现状持谨慎态度，认为旅游目的地微电影营销目前尚处于“起步阶段，受众有限”的居多，占比 63.33%。

受众对于旅游目的地微电影的宣传效果评价不一，超过六成的受访者给予较高评价，也有部分人对此不以为然。

大部分受访者看好旅游目的地微电影的发展前景，其中认为“整体看好，有望成为旅游营销新渠道”的受访者最多，占比 70%；认为“前景广阔，将取代传统旅游广告形式”的占 13.33%；也有部分人觉得应当理性看待，需要市场进一步检验；不看好发展前景的仅占 3.33%。

观看完旅游微电影后，大部分观众表示对微电影中出现的旅游产品或服务有印象；也有少数人由于过于关注故事情节，而没有留意电影中的旅游广告诉求。

观看完旅游微电影后，近七成的受访者会产生前往当地旅游的欲望，其余的受访者表示会“视情况而定”。这说明旅游微电影在一定程度上改变了受众态度。

（五）微电影传播效果分析

传播效果是指传播行为在受传者身上引发的心理、态度、行为的变化。也就是说传播活动在多大程度上实现了传播者的意图和目的。传播效果是营销活动中最不容易把握和测定的，微电影作为一种新型营销手段，其传播效果如何，尚待市场进一步检验。在目前微电影传播效果的评价指标里，业界参考的主要是微电影在网络上的视频点击量、评论和转发数。如果仅就此三项指标而言，旅游目的地微电影的传播效果较明显，取得了良好的旅游目的地品牌形象宣传效应，这从旅游微电影在网络上的火爆程度可见一斑。

以《爱，在四川——美食篇》为例，自 2012 年 2 月其在优酷土豆网、56 网、新浪视频等各大视频网站上热播以来，截至 2013 年 4 月，仅在优酷网上的点击量就已达 494.49 万人次。四川小吃、火锅等美食元素以及川剧变脸等文化元素都在电影中得到了诠释，四川美食成为网友讨论的热点。宽窄巷子、锦里古街等重要取景地的特色建筑也吸引了广大网友到四川旅游的兴趣，不少游客慕名前来。而国内首部城市旅游微电影《我和南京有个约会》上映仅一周，点击量就已突破 30 万人次，并有 2000 多人跟帖评论。网友不禁感叹：“沉重的南京竟然如此清新美丽。”《我和南京有个约会》的制作成本不过是举办一次对外推介活动的费用，然而其宣传效果却是普通旅游推介会无法比拟的。

三、《爱，在四川》系列微电影营销案例

近年来，四川一直把旅游宣传营销工作作为其“大旅游”五大工程之一，不断创新旅游目的地营销方式，推动营销模式转型升级。2012 年 6 月，在香港国际会展中心举行“四川最美的地方”大型旅游摄影图片展，通过互动营销调动起游客和媒体的积极性，在香港进一步掀起赴川旅游热潮。8 月，在台湾举行“四川好玩——大美金秋”大型旅游推介会，一改过去推广发资料的模式，正式发行了《四川好玩》系列旅游图书。10 月，策划“行摄 365 · 画说四川”大型旅游摄影活动，用事件营销打开了四川旅游宣传的新局面。11 月，与央视中文国际频道（CCTV－4）合作推出《北纬 30° · 中国行》的四川篇，让全球游客更加向往“四川好玩”。之后，通过“企业主体，政府助推”的驻地营销模式，扎根客源地营销，在营销手段、传播方式上大举变革。

从最普通的一场旅游推介会、一本旅游宣传画册，到互动营销、事件营销、驻地营销，四川旅游营销的角色推陈出新。尤其是当微电影在国内大行其道后，四川旅游主管部门抓住机遇，借助微电影这一新型时尚的艺术形式开展旅游宣传工作，实现了网络营销宣传上的一次成功突破。从 2012 年 2 月起，《爱，在四川》系列旅游微电影上映，并陆续推出“美食篇”、“熊猫篇”、“温江追梦篇”、“汶川篇”、“风情篇”等主题微电影。《爱，在四川》以“爱”为情感诉求，以微电影为传播载体，巧妙地融合四川的自然风光、人文风情、地域特色等旅游资源，给观众带来娱乐与时尚视觉盛宴的同时，引领观众领略“天府四川，熊猫故乡”的独特旅游魅力，引导人们带着“爱”走进四川。

将《爱，在四川》作为案例进行研究，主要是出于以下几方面考虑：首先，四川旅游目的地营销一直走在国内前列，营销模式不断推陈出新，其成功经验值得其他旅游目的地借鉴学习；其次，作为全国第一部旅游目的地微电影，《爱，在四川》无论是在电影选题、故事创意、传播渠道等方面都具有开创性；再次，《爱，在四川》系列微电影经得住市场的检验，在网络上引起热议，且入选 2012 年中国旅游宣传片十强，堪称国内旅游微电影营销的典范。

（一）在传播者方面

《爱，在四川》的直接发起方和策划者是国家级高端人文旅行杂志《中国国家旅游》与四川省旅游局。《中国国家旅游》杂志在国内最早提出“旅游微电影”概念，四川旅游局与其跨界合作不仅有利于扩大传播者的信息传播能力，也在一定程度上保证了微电影的品质。而当《爱，在四川》在网络上热播时，作为“自媒体”的广大网民已不再单纯是微电影的受众，借助于微博、社交网站等媒介的转发、分享等功能，他们也开始充当旅游微电影传播者的角色。比如，《爱，在四川——美食篇》在网络热播的第一个月，“看四川旅游微电影到四川旅游”活动在各大微博转发累积总量就已逾2万次，评论800余条，这充分显示了网民的信息传播能力不容忽视。

（二）在传播内容方面

表12－3 《爱，在四川》系列微电影概览

《爱，在四川》系列	上映时间	故事概要
美食篇	2012年2月	以三对海内外情侣“浪漫有趣的爱情”为主线，以四川小吃、火锅、美食、川剧变脸文化等元素为题材，将爱情与美食进行巧妙结合，展现蜀都美食文化
熊猫篇	2012年3月	以一只大熊猫寻找“幸福在哪里”的奇妙旅程为主题，以独特有趣的视角和天马行空的创意来体现四川人文风土人情和旅游魅力风情
温江追梦篇	2012年4月	以“追梦”为主题，一对恋人在3个不同时期，不同朝代的背景下，“穿越”而发生的浪漫爱情轻松喜剧，影片体现温江的古蜀鱼凫文化、马术文化、人文风土人情等
汶川篇	2012年5月	以汶川地震前后时间轴为主线，通过5位身份各异的主人公在震后四年生活、情感以及周围环境发生的变化，真实反映灾后重建中发生的翻天覆地改变
风情篇	2012年9月	讲述一对情侣出去旅游，从走散到会合的曲折故事。峨眉山、乐山大佛、蜀南竹海、李庄等景点穿插其中，带领观众领略四川的金秋风情

从表 12－3 中可以看出，《爱，在四川》系列微电影以塑造和宣传旅游目的地品牌形象为目的，把“爱”作为情感诉求主线，依托当地独具特色的旅游吸引物，如蜀都美食文化、熊猫、地震遗址旅游等，倾力打造了五部独立成篇的小故事。这些小故事或生动有趣（如美食篇、温江追梦），或诙谐幽默（如熊猫篇），或温馨感动（汶川篇、风情篇），题材选择丰富，剧情设计颇有创意，从不同角度展现了四川的自然风光、地域特色、风土人情等旅游风貌。

（三）在传播渠道方面

“得渠道者得天下”，《爱，在四川》系列微电影的成功离不开多样化传播渠道的强势宣传与合力推广。首先，通过国内外各大主流视频网站进行主推。先后在优酷土豆、56 网、新浪视频、搜狐视频、腾讯视频、中央网络电视台等国内多家主流视频网站上线，同时进驻境外的 YouTube。其次，在微博、FaceBook、Twitter 等网络社交平台上开展有奖答题、转发等互动活动，使网民更乐于转发分享，从而实现病毒式、裂变式的宣传效果。作为《爱，在四川》微电影策划者之一的《中国国家旅游杂志》就曾在其官方微博发起有奖转发活动，活动参与者高达 2.3 万人次，并引发各大媒体和网站热议。与此同时，《爱，在四川》旅游微电影在传播过程中还突破了网络渠道，兼顾传统媒体。如报纸杂志、广播实时跟踪微电影拍摄情况；首都机场航站楼内滚动上映；在厦门卫视、青海卫视的微电影栏目中播出。

（四）在传播受众方面

《爱，在四川》微电影采用系列篇的方式，塑造了五个独立成篇的小故事，丰富的题材设置，有利于吸引不同年龄段、不同身份、不同旅游需求的受众群体，从而尽可能扩大微电影受众覆盖面和到达率。比如“美食篇”使得广大美食爱好者禁不住诱惑，“熊猫篇”让喜欢熊猫的国内外游客心动不已，“汶川篇”则通过温暖感人的故事情节触动不少怀有“汶川情结”、热衷公益事业和黑色旅游的观众。

（五）在传播效果方面

视频点击量是旅游目的地微电影最直观的传播效果表现。截至 2013 年 4 月

30 日，《爱，在四川》系列微电影的累计点击量已高达 6500 万人次，仅在优酷网单一平台上的播放次数就超过 2000 万次。

《爱，在四川》系列微电影不仅吸引广大观众点击收看，也在网络上引起热议，很多网民通过评论、转发、分享等方式参与到微电影的互动过程中。在优酷网上，关于《爱，在四川》系列微电影的评论超过 1 万条，网民纷纷留言表态。有的网民在看了“熊猫篇”中憨态可掬的大熊猫后表示“一定要到四川看熊猫”。有的网民在看了“汶川篇”后，表达了对汶川大地震的纪念和祝福，“到汶川亲眼看看那里的沧桑巨变”成为网民的共同心声。《爱，在四川》也受到旅游业界的广泛关注，亚太旅游协会、国家旅游局等旅游组织等，一些知名旅游专家，纷纷通过微博对微电影进行转发。其中北京大学教授吴必虎更是给予高度评价，指出“基于微电影的目的地营销，将会成为多媒体方式中的新秀”。此外，《爱，在四川》在网络上引发的强势效应，也使得《中国旅游报》、《四川日报》、中新网、凤凰网、中青网、中国网络电视台等各大媒体对四川微电影营销模式进行了专题报道。

凭借惊人的视频点击率、转发量以及媒体的曝光度，《爱，在四川》系列微电影为四川旅游赚足了人气，在获得良好的旅游目的地品牌营销效果的同时，四川旅游目的地品牌形象更加深入人心。据统计，截至 2012 年 11 月，四川全省实现旅游总收入 2901.73 亿元，同比增长 33.1%，而全年旅游总收入已突破 3000 亿元，四川省旅游产业发展迈上新台阶。

案例讨论

1. 通过 SWOT 分析法归结旅游目的地微营销的优势和劣势、机遇及挑战。

2. 结合案例，探讨如何评估旅游微电影的传播效果。

3. 结合案例，分析微电影的传播特征，并分析微电影营销还适应于哪些行业及其原因。

第十三章

横店影视城微博营销模式①

微博营销是以微博作为营销平台，每一个听众（粉丝）都是潜在营销对象，组织利用更新自己的微型博客向网友传播组织信息、产品信息，树立良好的组织形象和产品形象的营销方式。微博营销作为近年来最火爆、最具代表性的新媒体营销方式之一，其传播优势在于参与互动性强、传播速度快、营销精准度高、营销成本较低、效果实时反馈等方面。目前，全国各省市政府旅游行政管理部门大都开通了旅游官方微博，借助于微博这一社会化媒体营销平台来实现旅游目的地品牌和形象的推广。事实上，依托微博平台，旅游目的地不仅可以及时传播旅游目的地信息，更重要的是与游客之间实现了直接沟通，这对于维护好现实旅游者，挖掘和培育潜在旅游者，提升旅游目的地的吸引力和竞争力意义深远。

① 曹莉丽，李建杰．网络背景下的景区微博营销模式研究——以横店影视城为例［J］．经济，2012（6）：69－71.

一、横店影视城微博营销特点分析

横店影视城2010年11月29日开通新浪官方微博，2010年12月29日开通腾讯官方微博。截止到2012年2月29日，横店影视城新浪微博已达到9万粉丝，被转发数累计达到55万次以上，最热门的娱乐原创帖转发量达到了13000多次，评论接近5000条。引导了诸多公众人物转发、评论和众多媒体机构、明星人物等建立了良好的合作关系。在新浪微博，通过“浙江旅游微博”对浙江旅游景区的统计分析，横店影视城在浙江旅游景区官方微博影响力排行榜排名第一（见表13－1），普通一些百万粉丝级别的明星微博影响力也仅这个水平。

表13－1 浙江旅游景区官方微博影响力排行榜（截至2012年4月2日）

单位：次

排名	景区微博名称	粉丝数	微博数	评论数	转发数	平均评论数	平均转发数
1	横店影视城娱乐频道	95502	6209	1545	3247	67.17	141.17
2	乌镇旅游	31238	2259	261	840	7.25	23.33
3	象山影视城	17896	1546	646	1435	14.36	31.89
4	宋城千古情	37941	3930	37	45	0.70	0.85
5	杭州山沟沟景区	19655	1502	24	27	0.37	0.42
6	长屿硐天风景区	21107	1070	26	22	1.30	1.10
7	杭州乐园	22759	3032	48	50	0.83	0.86
8	绍兴古城	38799	4985	421	583	4.30	5.95
9	西溪国家湿地公园	23423	2051	15	47	0.45	1.42
10	浙江梅花洲景区	31165	634	13	18	0.59	0.82

（一）微博功能定位明确——带动官网

横店影视城官网2011年改版后，开始发展景区的电子商务，可以进行景区门票的预订、酒店的预订以及酒店+门票的套餐预订。在全国景区逐渐增多，竞争压力逐渐增大的形势下，单纯依靠网络代理商、旅行社的宣传推广已不能满足影视城的发展，发展电子商务不可避免。但是，游客习惯于旅行社报团或者上携程、驴妈妈等旅游网站购买旅游产品，如何使游客尽快接受影视城的官网一直是个难题，2011 年是微博的应用热年，横店影视城抓住了这个机遇，充分运用微博的威力进行营销宣传，带动了官网的点击率和浏览量。通过近半年来的微博宣传，影视城官网的 PV（页面浏览量或点击量）趋于稳定，每天大概从微博转来官网的 PV 大概有两三千条，转化率逐渐升高。

（二）景区员工积极参与营销

横店影视城景区上至经理，下至普通服务员工都开通了自己的微博，并积极参与官方微博的活动宣传和博文转发。每位开通微博的员工都是景区官方微博的粉丝，不仅积极评论与转发景区官方微博的博文，还通过“@”功能来提升景区的关注人气。短短的 140 字就使员工们无形中参与了景区的网络营销活动，并逐步培养了员工们的全员营销意识，从而凝聚旅游企业精神，提高员工对旅游企业的认同。

（三）重视旅游者微博的营销力量

网友自己在景区消费时拍摄的美食、旅游产品、景区风光等，发到微博上，对于看到这些微博信息的网友，这些来自第三人的诉说往往比景区自己发布的信息更能吸引和打动他，这时就是旅游者微博在发挥其营销力量。影视城非常重视旅游者微博的这份力量，经常搜索与发现其他微博中有关景区的内容，并及时筛选与转发网友体验与感知程度较高的、正面的微博信息。如 2012 年 4 月的“就是你”活动，活动规则就明确表示“领取套票的朋友游玩后将照片上传微博@横店影视城娱乐频道”。当游玩回来的网友把自己在景区所体验到的各种信息放到微博上，他们就充当了“小广播”，宣传推广了横店影视城。

（四）依托景区拍摄的明星进行病毒式营销

病毒式营销是指发起人发出产品的最初信息到用户，再依靠用户自发的口碑宣传。要使病毒式营销达到事半功倍的效果，意见领袖的参与很重要。例如社会

名人、明星等都可以看作是意见领袖。影视城景区的官方微博和员工微博一直都使用微博的“@”和“#”话题功能，主动吸引在景区拍摄的明星对其微博的关注，发挥明星效应，使粉丝们纷纷转载横店影视城景区的博文，从而提升了横店影视城的曝光度和知名度。

二、横店影视城微博营销存在问题

（一）缺乏维护官方微博的人员

影视城景区微博开通后，内容由景区网络营运中心的专门人员进行维护。虽然微博每天都在更新，但都是一人负责新浪微博，一人负责腾讯微博的局面，旅游官方微博在维护上还是存在人员不足的问题，造成信息原创、信息筛选、信息更新等诸多环节不能做到“精耕细作”，没有形成合理的微博架构模式。

（二）与其他营销方式的合作力度不够“强”

微博营销对景区而言，受限于140字加图片或者视频的微博内容形式限制，有时候很多产品或者活动无法涵盖，导致了营销模式单一。通过对影视城微博的观察，可以发现每天在微博上面，主要发布的是在景区的拍摄剧组的动态，偶尔配合景区举办的活动再在微博发布信息，针对旅游产品的宣传比较少，给群众的感觉是景区官方微博更像一个娱乐微博，而不是旅游微博。造成目前这种局面主要是因为没有从战略管理的角度以景区的整体营销方案为框架，这样不仅不能发挥微博营销的作用，还可能发出与景区其他渠道营销不一致的声音，影响景区的品牌形象。微博营销虽然成本较低，但并没有其他媒体广告和促销那样迅速得到反馈，对旅游者感知的影响也较慢。所以虽然影视城官方微博逐步发展壮大，推动了官网电子商务的发展，但因与其他营销、其他推广方式结合不够紧密，网络销售量没有达到应有水平。

（三）微博营销的路径还不够“湿”

“湿营销”是指借由互联网上的社会性软件聚合某个群体，并以温和的方式将其转化为品牌的追随者，赋予消费者力量，鼓励他们以创造性的方式贡献和分享内容，从而影响商家的新产品开发、市场调研、品牌管理等营销新战略。微博营销的路径要达到“湿”，首先体现为用户与用户之间的深度对话，其次是深度的互动体验。影视城的官方微博虽然有与游客的对话，但主要集中于与明星的粉丝之间的互动，与游客之间的深度对话较少。影视城微博营销的路径还不够“湿”的另一个原因就是缺乏深度的互动体验。影视城推出过各种旅游产品，如为“三八妇女节”准备的“满城春色姐妹 PARTY，骨感美人大穿越”活动，就是为粉丝们量身订做的影视互动体验之旅。游客不仅可以参加盛大的明星见面会，与明星近距离接触，同时还参与微电影《清穿旅行团》的拍摄，亲身体验剧组生活。影视城官方微博对该活动有宣传，参加了影视互动体验之旅的游客，拿到拍摄《清穿旅行团》光盘的这批游客回去以后有的在微博发表了自己的感受，有的没有，如果在宣传该活动时就提出“各位游客体验过该旅游产品后发表相关微博，按微博所写受欢迎程度来评奖”，是否可以传播游客体验的感受，使微博营销的途径更“湿”呢？

三、横店影视城微博营销策略

（一）构建合理的官方微博架构

一个官方微博，同时要肩负四大使命（包括信息发布、与目标消费者建立情感、及时的客户服务以及危机监测、预警与快速公关），可见其不是一两个人所能担当的，它需要景区的多个部门进行横向协调配合，多名专业人员进行维护。为了构建合理的官方微博架构模式，影视城可以参考广东联通微博组成架构，并结合自身的发展计划来形成专门的官方微博架构（见图 13－1）。这个微博架构是典型的“1＋2＋8”模式：影视城网络微博维护主要依靠官网和采编部门的协助，而官网部门主要负责景区活动和市场信息的编辑和发布，采编部门不仅负责与景区相关明星、剧组的信息发布，还要负责各种旅游产品信息的编辑和回复粉丝的工作。

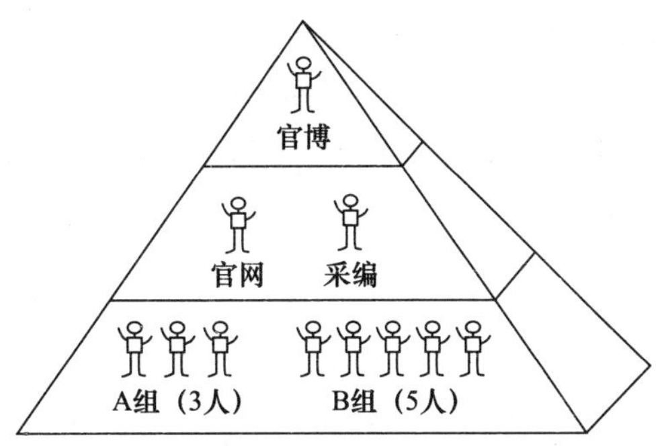

图 13-1　官方微博架构“1+2+8”模式

（二）加强与其他营销方式的合作力度

微博营销是景区整体营销的一个环节或者是一个部分，不能游离于景区整体营销之外。影视城景区官方微博可以从以下方面加强合作：①网络广告。如在旅游网站上发布“转发景区活动宣传的官方微博有奖”这种信息，即使微博营销的效力增强，又可扩大对景区举办活动的宣传推广面。②影视营销。结合热播的电视剧《甄嬛传》，在微博上征集“使用甄嬛体对影视城每个景区进行简介”或者“在影视城景区找出甄嬛走过的地方”这类活动来宣传景区。③事件营销。借助社会热点事件在景区官方微博上发布相关话题，提升人气。如 2011 年浙江天台山借助“王功权和王琴私奔事件”在 5 月 19 日和 20 日微博推出的“#私奔天台山宣言”活动就是景区微博营销与事件营销结合的一个最佳案例，天台山借此打响了中国旅游日的金名片。

（三）健全奖励机制，营造“湿”途径

旅游者如果在微博平台上进行旅游产品的深度互动体验，及时在微博上用三言两语说明自己的旅游经历，交流感受，这样不仅趣味性极强，还可以激起更多关注者的兴趣，有力地影响潜在游客。所以为使微博营销的途径够“湿”，可以从以下三方面来健全奖励机制，从而达到与游客深度对话与深度互动体验。

1. 情感主题

微博有奖活动的核心是情感主题。据调查，52.17% 的用户使用微博是为了

记录自己的心情。如果有奖活动的主题能够唤醒用户的情感需求，就能够让用户们自然而然地加入到活动当中。如母亲节期间影视城与驴妈妈合作的“给母亲写封信吧”，这种利用情感主题的活动可以继续举办，但需要有更多的创意来发扬影视城的品牌文化。

2. 产品造势

有奖竞答或竞赛活动，形式新颖有趣，具备一定的挑战性，粉丝乐于参与。同时，与横店影视城景区相关的问题可以让粉丝主动去了解横店影视城品牌以及横店影视城推出的各类应时的旅游产品，起到为旅游产品造势及培育景区散客市场的作用。如2013年5月17日影视城官方微博发布的“【找茬】找出这两幅《步步惊心》剧照图中的6个不同”，这个活动形式比较新颖，有一定的粉丝参与，可以继续推出一系列的找茬活动，如以比较火热的《甄嬛传》里面的场景为背景，为“随着甄嬛游明清宫苑”这类旅游产品宣传造势。

3. 雪球推广

微博时代的到来，使旅游者的参与意识与分享意识大大增强，他们乐于把自己的旅游经历放到网上与大众共享。游客做出决定去哪个地方旅游的决策很多都依据熟人好友的推荐。因此，景区可以利用有奖活动实施“让大家告诉大家”的雪球推广方式，使微博营销的途径“湿”到底。

案例讨论

1. 结合案例，探讨目前旅游景区微博营销实践中存在哪些问题。
2. 是不是所有类型景区均适合于采用微博营销方式？为什么？
3. 你认为旅游景区微博营销与旅游目的地微博营销存在何种区别？
4. 旅游景区如何将传统营销手段与新媒体营销手段有机结合起来？

参考文献

［1］百度百科：http：//baike. haosou. com/doc/6238120 －6451487. html.

［2］北京小米科技有限责任公司［EB/OL］．百度百科，http：//baike. baidu. com/link？url = ACysUu6C4W － sl3nn － Lrylx4oqmdsRGi9vZRqGeC53qp0Q Ql45lZKIbn － irs618R8Hzr_ 1SbhEHxpm － Z5dIYvmyakdpEMv1hQOsZQ8SJ4FF5 FI82yQZMkZRSeLdbPispL－cVi45zpsKXQImE6DMH3NO_ Ipm4JBXiy ROrhBoQbliHi-uma_ QAg7IOdfuxbzy4C.

［3］陈笛．黄太吉煎饼的互联网基因［J］．中国连锁，2014（2）：40.

［4］程红霞．黄太吉：当煎饼果子遇上互联网［J］．中国品牌，2013（8）：72－74.

［5］程艳林，梁丰．“雕爷牛腩”的O2O模式启示与传统企业转型的互联网思维［J］．互联网天地，2014（6）：68－72.

［6］崔南楠．星巴克“品位”第三生活空间［J］．财经界，2001（12）：98－100.

［7］戴斌，李世宏．中国出境旅游发展年度报告（2014）［R］．北京：旅游教育出版社，2014.

［8］戴丽敏．社交网络时代的市场营销模式探索［D］．上海：上海外国语大学，2013.

［9］邓纯雅．布丁酒店：个性时尚打天下［J］．中外管理，2012（9）．

［10］雕爷估值10亿：阿芙8年雕爷牛腩2年河狸家半年［EB/OL］．光明网，2014－9－15，http：//economy. gmw. cn/newspaper/2014 －09/15/content_100876096. htm.

［11］杜惠清．杜蕾斯：数字就是机会［J］．国际公关，2012（1）：56－57.

［12］杜蕾斯［EB/OL］．百度百科，http：//baike. baidu. com/link？url =

FMqn0MPLY_ uGmlzvtRZFkAr - vbmhK5 - 1xbXKPiPaL8hai7sG41JbWw4D8Bigieth l2nHFVJXsSTgl - o1JE_ HXq.

［13］杜蕾斯．杜蕾斯新浪微博［EB/OL］．http：//weibo. com/durexinchina? c = spr_ qdhz_ bd_ baidusmt_ weibo_ s&nick = 杜蕾斯官方微博．

［14］杜蕾斯微博侵权第一案以200盒避孕套换和解［EB/OL］．浙江在线，http：//news. cnbb. com. cn/shehui/20110926/413514. html.

［15］杜蕾斯雨夜鞋套事件［J］．创意传播，2011（11）：101 - 102.

［16］对须弥山石窟景区开展微博营销的思考［EB/OL］，http：//www. nxzijiayou. com/nowledge/20120112336. html，2012 - 1 - 12.

［17］工信部：中国移动互联网用户规模近9亿［EB/OL］．中国新闻网，http：//finance. chinanews. com/it/2015/04 - 17/7215373. shtml.

［18］龚铂洋．左手微博右手微信［M］．北京：电子工业出版社，2014：7 - 10.

［19］谷鹏，李学军．互联网思维与传统行业的结合——以雕爷牛腩店为例［J］．公司与产业，2014（15）：257 - 259.

［20］顾琳琳．布丁酒店：我们一起微信吧［J］．IT经理世界，2013，5（363）．

［21］韩笑，夏冰．微博营销："湿"化生存［J］．新闻事件，2010（8）：288 - 289.

［22］赫畅．煎饼相对论［EB/OL］．乐视网，http：//www. letv. com/ptv/vplay/20254029. html.

［23］黄太吉改讲外卖故事难长久［EB/OL］．华夏经纬网，http：//www. huaxia. com/tslj/flsj/cy/2015/07/4469692. html.

［24］黄文潇．江小白：用小米精神制贩酒［J］．新晋商，2014（4）：77 - 79.

［25］江小白的微信营销［EB/OL］．飞象网，http：//www. techweb. com. cn/news/2014 - 09 - 28/2080296. shtml.

［26］黎万强．参与感：小米口碑营销内部手册［M］．上海：中信出版社，2014年．

［27］李嵘，陶石泉．一瓶小酒的微博逆袭［J］．新西部，2014（1）：36 - 39.

［28］李阳．"鳄鱼"出没"野兽派"来袭［J］．中国花卉报，2014（12）．

［29］李志刚．酒店微营销硝烟渐起［N］．中国旅游报，2013－11－6：5.

［30］林文生，陈泓屹．雕爷牛腩：用互联网思维玩餐厅［J］．经理人，2013（9）：62－64.

［31］刘海明．微博营销精髓——关系、联动与分享［J］．中国民用航空，2013（5）：31.

［32］刘嘉玲高圆圆的真爱：野兽派花店［EB/OL］．YOKA 时尚网，http：//www. yoka. com/life/culture/2013/0918860267. shtml.

［33］刘洁，张晞．微博营销的奖励机制［J］．企业活力，2011（8）：38－40.

［34］刘鹏．解读江小白：白酒；如何让年轻人爱上你［J］．酒世界，2013（8）：21－22.

［35］刘晓庆．快乐就是有价值的生活——专访布丁酒店连锁 COO 史央清［J］．体育健康知识画刊，2014（1）.

［36］刘振增．中小企业微营销策略研究［D］．北京：华北电力大学，2014：12－16.

［37］刘志坚，张辉．微营销内涵、特征及发展——以微博、微信为例［J］．经贸管理，2014（11）：118－119.

［38］罗登．企业微博营销策略推荐案例——快书包［EB/OL］．微博营销学院，http：//www. weiboyx. com/download/201109271169. html［2012－12－11］.

［39］罗玉婷，殷俊．文化商品的新媒体营销方式分析——以江小白的微博营销为例［J］．新闻研究导刊，2014（4）：67－69.

［40］毛敏轩．杜蕾斯官方微博内容构建分析［J］．文学界（理论版），2012（12）：305.

［41］孟醒．雕爷牛腩估值四亿的秘密［N］．企业家日报，2014－7－19（007）.

［42］裴燕．雕爷牛腩的经济美学［J］．IT 经理世界，2014（9）：40.

［43］裴燕．野兽派花店：唯美情感的满足者［J］．IT 经理世界，2014（9）.

［44］邱月烨，李基礼．移动支付之王：星巴克［J］．21 世纪商业评论，2015（2）：94－95.

［45］施炜．西方人强调归核，东方人强调多角化［J］．市场营销，2014（3）：37－38.

［46］施炜．做好粉丝营销的三个关键［J］．市场营销，2014（3）：33－34.

［47］世界邦：记第一家旅游跨界咖啡的诞生［EB/OL］．世界邦旅行网的博客，2015－05－19. http：//fashion. sina. com. cn/l/ts/2015－05－19/1900/doc－icczmvup1971446. shtml.

［48］宋元元．二流企业家和他的一流生意［J］．环球人物，2014（29）：62－63.

［49］王乐鹏，姚明广，王奕俊．试论旅游企业的微博营销策略［J］．科技广场，2011（4）：39－41。

［50］王赛，陆玥灏．小众营销＝深潜＋想象力［J］．市场营销，2014（3）：13－14.

［51］王晓娟，王婷，李萍．电商时代企业如何做好微信营销——以小米手机为例［J］．网友世界，2014（7）：73－76.

［52］《2014年中国企业新媒体白皮书》发布［EB/OL］．网易新闻网，http：//news. 163. com/14/1220/17/ADU4CG8G00014JB5. html.

［53］微博营销的十个经典案例［EB/OL］．中国食品科技网，http：//www. tech－food. com/kndata/detail/k0093635. htm.

［54］魏斌，桑岳．微信营销分析——基于SoLoMo的应用以及星巴克中国［J］．电子技术与软件工程，2014（6）：35.

［55］温晶媛．黄太吉煎饼的盈利逻辑［J］．企业管理，2014（4）：66－67.

［56］闻涛．如何破解微电影营销效果评估难题［J］．市场观察，2011（8）．

［57］吴金铃．网络营销背景下关于“旅游微博热”现象的思考［J］．河北旅游职业学院学报，2011（3）：41－45.

［58］吴勇毅．微电影营销：浓缩并非都是精华［J］．市场瞭望，2012（20）．

［59］五格货栈潘定国：如何半小时卖1000份车厘子［EB/OL］．正和岛，2014－8－16，http：//mp. weixin. qq. com/s? _ _ biz＝MjM5ODAxODQ0MA＝＝&mid＝202777506&idx＝2&sn＝b467ee4195b3dbb65e94a40303ce995d&scene＝1&from＝singlemessage&isappinstalled＝0.

［60］五格货栈潘定国：移动互联网精神的三重境［EB/OL］．中国好案例，2014－12－4，http：//www. weixiaoxin. cn/Weixin/info/ab735a258a90e8e1－6bee54fcbd896b2a－771d178b54920f6e60f04b4f6f3d7bb8.

［61］鲜花市场剑拔弩张，电商纷纷另辟蹊径［EB/OL］．辽宁新闻网，http：//www. ln. chinanews. com/html/2015 －02 －12/1024912. html.

［62］向北．微电影营销袭来［J］．市场观察，2011（7）．

［63］小米．小米新浪微博［EB/OL］. http：//weibo. com/xiaomikeji.

［64］谢晓萍．小米偷师乔布斯［J］．零售世界，2012（1）：58 －59.

［65］星巴克疯狂的开店潮，2014 财年均每天新开门店 1 家［EB/OL］．赢商新闻网，http：//sz. winshang. com/news －420890. html.

［66］熊元，阿细．星巴克，占社区［J］.21 世纪商业评论，2014（6）：54 －55.

［67］徐海龙．微电影及其跨媒体整合［N］．中国社会科学报，2012 －03 －21（8）．

［68］徐万佳．微电影，旅游营销新媒介［N］．中国旅游报，2012 －02 －13（3）．

［69］徐铱璟．给鲜花烙上品牌之印［J］．观察，2014（3）：30 －32.

［70］徐智明．快书包——微博主战场［J］．商界评论，2012（6）：54 －55.

［71］闫岩．微博时代的实时营销与公关［M］．北京：台海出版社，2012.

［72］燕春兰．论微电影营销［J］．现代商贸工业，2012（18）．

［73］杨柳青．试析定制花店的新媒体营销策略——以野兽派花店为例［J］.新媒体与社会，2014（9）：223 －235.

［74］叶宇．微博营销的发展现状与策略分析——以小米微博营销为例［J］.经营管理者，2014（4）：245.

［75］叶志飞．浅谈微电影的商业价值和发展前景［J］．现代商业，2012（6）．

［76］尹韵公．中国新媒体报告（2011）［M］．北京：社会科学文献出版社，2012.

［77］营销在变：杜蕾斯营销转变后的三点启示［EB/OL］．天下网商，http：//i. wshang. com/Post/Default/Index/pid/34294. html.

［78］有一种无可救药，叫大叔的执念［EB/OL］．世界邦旅行网的博客，2015 －06 －18. http：//blog. sina. com. cn/s/blog_ b6f2f6cd0102vwmn. html.

［79］于伯然．微电影营销的制胜之道［J］．广告主市场观察，2011（8）．

［80］袁政，李思颖．移动 APP 在企业营销传播中的应用［J］．青年记者，2015（2）：81 －82。

[81] 云竹．布丁酒店怎样玩转微信［N］．人民邮电，2014－9－5（8）．

[82] 曾凌轲．微信平台的品牌传播策略——以杜蕾斯品牌营销为例［J］．中外企业家，2015（11）：243.

[83] 张高伟．论微电影的叙事策略［J］．美与时代，2011：（7）．

[84] 张姝．微时代微电影［J］．影视制作，2012.

[85] 张苗荧．旅游微电影营销不能盲目效仿［N］．中国旅游报，2012－08－27（2）．

[86] 张攀．2014 图书网售市场：当当、京东、亚马逊三分天下的喜与忧［N］．中国出版传媒商报，2014－12－30.

[87] 张朋朋，张愿意．江小白：把酒调到 90 后［J］．中外管理，2014（11）：94－95.

[88] 张琦．让花束讲故事，文艺妞引领中国花艺潮流［J］．生存手记，第 24－25 页．

[89] 张琦．文艺范老板和她的野兽派花店［J］．创业邦，第 50－51 页．

[90] 张希．用户极致体验成就“五格货栈”——听 70 后“首席粉丝官”侃车厘子生意经［N］．南京日报，2011－11－10（3）．

[91] 张雪，朱润萍．试论“微电影”时代的广告营销［J］．东南传播，2012（95）．

[92] 赵春芳，陈国华．视频营销价值体现及操作模式浅析［J］．现代商业，2012（15）：45－46.

[93] 赵迪．微电影：网络营销的新选择［J］．商业文化，2012（2）．

[94] 赵琳．微电影可成为旅游营销新渠道［N］．中国旅游报，2012－01－18（2）．

[95] 郑晓君．微电影——“微”时代广告模式初探［J］．北京电影学院学报，2011（6）．

[96] 郑永彪，王丹．基于移动互联网背景的分享型经济发展探析［J］．经济管理研究，2015（2）：3－7.

[97] 中国互联网络信息中心．第 35 次中国互联网络发展状况统计报告［EB/OL］．驱动之家，http：//news. mydrivers. com/1/381/381898. htm.

[98] 周丛笑．传播受众心理浅析［J］．湖南大众传媒职业技术学院学报，2002（1）．

［99］周金娟．快书包的微博运营策略分析［D］．陕西：西北农林科技大学，2014 年．

［100］周攀．浅谈微电影模式及趋势［J］．商场现代化，2012（685）．

［101］周修亭，张宁．浅谈微博时代的企业微营销［J］．重庆科技学院学报，2012（3）：105－106.

［102］朱光强．杜蕾斯：暧昧也是生产力［J］．中国服饰报，2013（8），1－2.

［103］朱明洋．论微营销的概念化与发展的新阶段［J］．集美大学学报（哲社版）2015（1）：63－70.

［104］朱晓云．学术期刊微博营销问题及对策研究［J］．中国出版，2012（18）：11－14.

［105］2011 微波改变世界——新浪微博团队对外培训文档［EB/OL］. http：//max. book118. com/plus/view. php？year＝2012&date＝0217&aid＝1104160，2012－2－17.

［106］2012 年新浪企业微博白皮书［EB/OL］．新浪网，http：//luoyang. jiaju. sina. com. cn/news/2012－03－23/121509252_ 5. shtml.

［107］“互联网＋”促成星巴克的救赎［N］．中国信息化周报，2015－5－18（12）．